GUSTAVE NIERITZ

LE

PETIT MUET DE FRIBOURG

OU

LE PÈLERIN ET LE DRAGON

Histoire de la Découverte de la Poudre à canon.

Traduction revue

PAR J.-B.-J. CHAMPAGNAC.

Illustrations à deux teintes par Derancourt.

PARIS

BELIN-LEPRIEUR ET MORIZOT, ÉDITEURS,

5, RUE PAVÉE-SAINT-ANDRÉ.

ŒUVRES DE NIERITZ

LE

PETIT MUET DE FRIBOURG

OU

LE PÈLERIN ET LE DRAGON.

Paris. — Imp. de Gustave GRATIOT, rue de la Monnaie, 11.

GUSTAVE NIERITZ

LE PETIT MUET DE FRIBOURG

OU

LE PÈLERIN ET LE DRAGON

Histoire de la Découverte de la Poudre à canon.

Traduction revue

PAR J.-B.-J. CHAMPAGNAC.

Illustrations à deux teintes par Derancourt.

PARIS

BELIN-LEPRIEUR ET MORIZOT, ÉDITEURS,

5, RUE PAVÉE-SAINT-ANDRÉ.

1850

INTRODUCTION.

Pour inculquer aux enfants quelque vérité morale, il est important de commencer par toucher leur cœur. Pour les initier avec succès à quelque partie de l'histoire de l'industrie humaine, il faut habilement s'insinuer dans leur esprit et parler à leur raison et à leur intelligence, en frappant leur imagination. Les enfants sont comme les Arabes du désert, peuple encore tout empreint d'une naïveté primitive et dont le langage est rempli d'images poétiques. En effet, toute la littérature des Arabes consiste à réciter des contes et des histoires dans le genre des *Mille et une Nuits*. On nous les représente avec une passion particulière pour ces narrations, qui remplissent une grande partie de leurs loisirs. Le soir, ils s'asseyent à terre à la porte des huttes, ou sous leur couvert, s'il fait froid, et là, rangés en cercle autour d'un petit feu de fiente, la pipe à la bouche et les jambes croisées, ils écoutent avec une sorte d'extase l'histoire, toujours merveilleuse, que raconte l'un d'entre eux.

A la place du récit animé, pittoresque, dramatique du conteur arabe, supposez l'exposition la plus logique, la plus exacte, la plus didactique, et l'auditoire, déçu dans son attente, demeurera froid et tristement ennuyé, au lieu de payer l'éloquence du narrateur avec les exclamations les plus flatteuses.

Gustave Niéritz, sans y penser peut-être, semble avoir pris pour modèle, au moins en ce qui concerne la forme, cet homme de la tente qui raconte les admirables aventures d'un jeune chaik et d'une jeune Bédouine. Mais comme il a un autre but que d'amuser, il suit aussi une autre marche.

S'il veut mettre en relief une des prescriptions de la loi divine ou faire connaître les détails relatifs à quelque invention ou découverte importante, rien de plus attrayant que les méandres merveilleux par lesquels il conduit sa narration. C'est un charme pour ses jeunes lecteurs de le suivre dans les mille péripéties de l'histoire qu'il a imaginée; ce serait un plaisir pour les personnes mêmes d'un âge plus avancé. Il faut le dire, à part quelques longueurs qui lui sont communes avec tous les écrivains de sa savante et poétique nation, Niéritz est le conteur par excellence. Action simple et toujours attachante, caractères bien saisis, dialogue naturel et souvent plein de sensibilité, incidents imprévus et heureusement amenés, tout cela embelli des trésors d'une imagination féconde. Voilà ce qui lui assure un rang éminent parmi les plus aimables conteurs de la jeunesse.

Ici, par exemple, dans le *Petit Muet de Fribourg*, quelle idée heureuse ne donne-t-il pas de sa puissance d'invention ! Le fond de l'histoire était d'une extrême simplicité. Quelques pages lui eussent suffi pour la raconter; mais alors, de combien de détails ingénieux, de combien d'utiles leçons et d'émouvantes scènes le lecteur eût été privé! A côté de la question industrielle et scientifique, l'historien voulait surtout donner place à la question morale, et c'est en cela qu'il a particulièrement réussi.

On voit dans les annales du céleste empire que la poudre à canon était connue en Orient, et surtout à la Chine, bien avant que les peuples occidentaux eussent songé à l'employer dans l'art de la guerre. Un auteur, que l'on croit être du treizième siècle, nommé Marcus Grœcus, dans un ouvrage intitulé : *Liber ignium ad comburendos hostes,* indiquant divers moyens de combattre l'ennemi, propose entre autres celui-ci : Mêler une livre de soufre vif, deux livres de charbon de saule et six livres de salpêtre, et réduire le tout ensemble en une poudre très fine dans un mortier de marbre.

Puis il ajoute qu'en mettant une certaine quantité de cette poudre dans une enveloppe longue, étroite et bien foulée, on la fait voler, ce qui est la fusée, et que l'enveloppe, au contraire, avec laquelle on veut imiter le tonnerre, doit être courte, grosse, à moitié pleine, et fortement liée avec une ficelle, ce qui est exactement la description du pétard. Il donne ensuite différentes méthodes de préparer la mèche, et enseigne aussi le moyen de faire lancer une fusée par une autre fusée en l'air, en renfermant l'une dans l'autre. Enfin, ce Marcus Grœcus parle aussi clairement de la composition et des effets de la poudre à canon que pourrait le faire un artificier de nos jours. La publicité n'existait point à l'époque où écrivait l'auteur; il n'est donc point étonnant que son secret restât enseveli dans la poussière des bibliothèques.

Vers le même temps, un célèbre cordelier anglais, Roger Bacon, qu'on avait surnommé *le docteur admirable*, à cause des découvertes surprenantes qu'il avait faites en chimie et en physique, avait, dit-on, écrit dans un traité publié environ cinquante ans avant qu'on parlât de la découverte de la poudre à canon :

« On peut imiter l'effet du tonnerre et des éclairs avec une préparation de salpêtre, de soufre et de charbon. »

Cette citation a été mise en lumière pour enlever au cordelier allemand Berthold Schwartz l'honneur de l'invention de la poudre. Cependant cette tentative n'a pas très bien réussi ; car si Roger Bacon est toujours regardé comme un prodigieux homme de science pour son époque, on ne lui attribue point généralement la découverte de l'art de fabriquer la poudre à canon.

C'est le moine Berthold Schwartz, l'un

des héros de l'ouvrage de Niéritz, qui recueille la triste gloire de cette meurtrière invention. Berthold Schwartz, dont le véritable nom était Constantin Angliksen, natif de Fribourg, ayant été mis en prison sur une accusation de magie, employa le temps de sa détention à des recherches et des expériences dont le résultat fut l'importante découverte qui a changé totalement la manière de faire la guerre, qui a donné aux nations européennes la supériorité dans les combats sur les peuples moins civilisés, et fourni aux Espagnols les moyens de faire la conquête de l'Amérique.

Ce n'est pas sans vraisemblance qu'on a dit que la découverte du moine Berthold fut due au hasard, comme tant d'autres découvertes. Il est assez probable qu'en pilant dans un mortier les diverses matières dont se compose la poudre, une étincelle qui tomba sur ces matières produisit une explosion dont le génie inventif du moine sut tirer parti. Niéritz a cru devoir adopter son opinion, et on verra comme il a su exploiter, en faveur de son livre, cette circonstance fortuite.

Quoi qu'il en soit, telle fut la première origine de la poudre à canon en Europe. Le baron de Bielfeld, dans son livre du *Progrès des Allemands dans les sciences*, dit positivement : « D'ailleurs, en supposant que l'idée d'amalgamer du salpêtre, du soufre et du charbon se fût déjà présentée à ceux qui s'occupaient de chimie, et que le hasard eût découvert à quelqu'un le parti qu'on pouvait tirer de leur explosion simultanée, il n'est pas moins constant que Berthold Schwartz a, le premier, su composer la poudre, ainsi qu'on la prépare aujourd'hui, et qu'il a déterminé la forme et les proportions des pièces d'artillerie. »

Ce n'est donc pas sans autorités que Niéritz a signalé le savant cordelier de Fribourg comme l'inventeur reconnu de l'art de fabriquer la poudre à canon, art terrible, et qui a apporté une révolution profonde dans celui de la guerre. C'est ce que caractérise admirablement notre Jacques Delille dans son poëme intitulé : *Les Trois règnes de la Nature*. Nous en extrairons les beaux vers suivants :

Jadis sous nos remparts, dans les champs de batailles,
La mort, d'un vol moins prompt, semait les funérailles.
Des dards, des javelots, donnaient un lent trépas ;
Depuis, un art affreux précipite ses pas.
Plus savamment cruel, par quelques grains de poudre,
L'homme imite l'éclair, son bras lance la foudre ;
Et le nitre irascible, irrité par les feux,
Ébranle au loin les airs, et la terre et les cieux.

Gustave Niéritz nous fait voir le savant moine dans son laboratoire se livrant à ses alchimiques recherches avec l'ardeur impatiente qu'on suppose à tous les avides chercheurs de la pierre philosophale. C'était bien là qu'il fallait nous montrer Berthold Schwartz, au milieu des cornues, des alambics, des mortiers, des fourneaux et autres appareils qui servent de temps immémorial aux diverses opérations de la science de Paracelse et de Van-Helmont. C'était là que devait se révéler ce caractère ardent et égoïste du savant, ne comptant pour rien l'existence d'autrui, pourvu qu'il atteigne le but de ses recherches obstinées. Dans cette peinture pleine de vérité, de couleur locale et d'originalité, Niéritz nous semble rivaliser avec l'illustre Walter Scott lui-même dans plusieurs ouvrages analogues.

Au reste, Niéritz, dans un autre conte qu'il intitule : *Le Bouton d'or*, et que nous avons publié l'année derrière, nous avait déjà fait connaître ce qu'il pouvait faire en ce genre, à l'occasion de l'invention de la porcelaine de Saxe par Frédéric Boettcher, qui, cherchant à faire de l'or, avait découvert ce secret admirable, demeuré pour la Saxe une source féconde de richesses.

La composition de la poudre à canon, à part quelques modifications dans le dosage des matières, est à peu près la même que celle du temps de l'inventeur. C'est un mélange exact et en proportions déterminées de salpêtre (nitrate de potasse), de charbon et de soufre; elle est d'autant meilleure, toutes choses d'ailleurs égales, que le choix de ces trois matières est mieux fait. On use en France de deux sortes de poudre de guerre : la poudre anguleuse et la poudre ronde. Cette dernière est de deux espèces de grains : les plus gros forment la poudre à canon, les autres la poudre à fusil.

Les proportions qui existent dans la fabrication de la poudre de guerre, entre le salpêtre, le soufre et le charbon, sont celles-ci :

Salpêtre.	75,00
Charbon.	12,50
Soufre.	12,50
	100,00

Les proportions adoptées, en France, pour la poudre de chasse, sont : salpêtre, 78; charbon, 12 ; soufre, 10 ; = 100. La poudre de mine sert pour l'exploitation des mines et des carrières; son dosage est de : salpêtre, 65 ; charbon, 15 ; soufre, 20 ; = 100.

Quant à la poudre fulminante, qui s'enflamme par la percussion et communique rapidement le feu à l'amorce, elle a l'inconvénient d'oxyder en peu de temps les pièces en fer et en acier qui forment la platine du fusil. Cette poudre se compose de trois parties de salpêtre, deux de tartre (tartrite acidule de potasse) et une partie de soufre. Si le mélange est parfait, au moyen de la trituration, on met cette poudre dans une cuillère de fer, qu'on expose quelques instants à l'action d'un petit feu. Ces matières entrent bientôt en ébullition, la chaleur les enflamme et provoque une détonation extrêmement forte, et qu'on peut comparer à celle d'un coup de canon. On assure que cette poudre était connue de Roger Bacon, dont il a été parlé plus haut, et que c'est de cette poudre, et non de la poudre à tirer, qu'il a voulu parler dans un de ses ouvrages.

Quittons ces détails scientifiques et revenons au *Petit Muet de Fribourg*.

Rien de plus heureux, ce nous semble, que la circonstance du pèlerinage au sanctuaire de la Reine des anges, pèlerinage qui amène une foule d'incidents, tous plus ou moins merveilleux, et donne une haute idée des mœurs pieuses de l'époque reculée où l'auteur place son action. Le père, plein d'une foi naïve, va demander à Marie la guérison de son enfant privé du don de la parole.

Nous ne saurions trop louer aussi le rôle formidable que joue le dragon dans cette histoire, dont sa mort forme le dénouement, tout en offrant le premier essai de la puissance de la poudre à canon. Ce dragon, qui était la terreur des environs et de la ville de Fribourg, rappelle le serpent monstrueux qui infestait l'île de Rhodes, et qui périt sous les coups d'un intrépide chevalier de l'ordre de Saint-Jean de Jérusalem, l'illustre Dieudonné de Gozon. Cet animal était, dit-on, de la grosseur d'un cheval; il avait à sa tête de serpent de longues oreilles couvertes d'une peau écaillée. Ses quatre jambes ressemblaient à celles d'un crocodile, et sa queue faisait plusieurs plis et replis sur son corps. Il courait, ajoute-t-on, battant de ses ailes et jetant du feu par les yeux avec des sifflements horribles. Tel était le monstre de l'île de Rhodes. On verra dans cette histoire la description que Niéritz a faite du monstre de Fribourg, et de l'épouvante que semait partout son approche. Il est présumable que la tradition ou les légendes auront conservé ce souvenir, comme à Aix en Provence on conserve celui de la Tarasque. Quoi qu'il en soit, le dragon de Fribourg semble le pivot autour duquel se groupent toutes les scènes intéressantes de l'ouvrage.

Mais, au milieu de cette foule d'incidents tous très bien imaginés, surgit un fait capital, un fait qui tient du prodige, le fait de la guérison du petit Bennon, qui recouvre la parole au milieu du laboratoire de Berthold Schwartz, et par suite de la puissante secousse physique et morale que lui cause la première détonation de la poudre. L'histoire offre plusieurs exemples aussi étonnants de guérisons instantanées du mutisme le plus absolu. Qui ne se souvient d'Atys, fils de Crésus, dernier roi de Lydie, célèbre par ses immenses richesses? Ce jeune infortuné était muet de naissance. On doit penser qu'il ne joignait point à ce malheur celui de la surdité. Il était donc dans la même situation que le petit Benno. Cyrus, roi de Perse, s'étant emparé de Sardes, capitale de la Lydie, ses troupes victorieuses se répandirent dans la ville pour trouver dans le pillage la récompense de leurs fatigues. Quelques soldats pénétrèrent dans le palais du roi Crésus, pour se saisir de sa personne. Ils l'environnent sans le connaître et se disposent à le mettre à mort, le prenant pour un simple officier de la cour de Lydie. Déjà l'un des soldats levait le glaive pour le frapper, lorsque le jeune Atys, saisi d'effroi, s'écria :

— Arrête, barbare, épargne le roi mon père !

Le jeune muet avait fait un tel effort que

tous les liens qui captivaient sa langue s'étaient rompus, et ce cri, inspiré par l'amour filial, sauva la vie à Crésus.

Sans nier en rien l'efficacité de l'intervention de la sainte Vierge dans la guérison de Benno, il faut aussi reconnaître qu'elle fut le résultat d'un effet tout naturel, quoiqu'il ait toutes les apparences d'un fait miraculeux. Sans doute Dieu a bien voulu accorder cette grâce au père du petit muet, mais cette grâce s'explique très bien par de simples déductions physiologiques. C'est là le véritable dénouement du ***Petit Muet de Fribourg***, dont la mort du dragon n'est que le complément.

C'est ainsi que Gustave Niéritz féconde si bien ses sujets, qu'il leur fait embrasser des horizons divers et qui mettent sous les yeux du lecteur des notions aussi curieuses qu'utiles. Voilà pourquoi, et nous l'avons déjà dit, voilà pourquoi ses œuvres, composées pour la jeunesse, peuvent aussi charmer l'âge mûr. La simplicité qui distingue ses récits les met à la portée de toutes les intelligences, en même temps qu'ils les intéressent vivement; et la forme attrayante sous laquelle ils se produisent insinue aisément dans les cœurs la douce et saine morale qu'ils renferment; car, on peut le dire, l'écrivain a travaillé à l'amélioration de ses lecteurs en contribuant à leurs plaisirs. Sa manière, toute simple qu'elle est, se développe sous une riche originalité. Il retrouve dans la poussière du moyen âge quelques traits oubliés des annales de la vieille Saxe. A sa voix, les vieux châteaux saxons se dressent avec leurs hautes tours du sein de leurs fossés remplis d'eau limoneuse et verdâtre.

Il sait faire revivre les anciens temps, avec leurs superstitions, leurs préjugés, leurs mœurs idolâtres du passé; il s'y transporte avec amour; il semble que le bonheur ne se trouve pour lui que dans les montagnes de l'Erzgebirge ou dans les gorges de Fribourg; et ce bonheur, il le fait partager à tous ceux qui veulent être ses lecteurs.

Le *Petit Muet de Fribourg* est une preuve de plus de ce que nous avançons.

Ch.

LE

PETIT MUET DE FRIBOURG

OU

LE PÈLERIN ET LE DRAGON;

Histoire merveilleuse de la découverte de la poudre à canon.

CHAPITRE PREMIER.

Les chevaliers des haies.

Un jour de la fin du treizième siècle, par une soirée d'été, un convoi de voitures pesamment chargées gravissait péniblement la pente abrupte d'une haute montagne. Les chevaux, fatigués, haletants, faisaient les plus grands efforts pour traîner leur lourde charge sur un terrain semé de rochers et de cailloux. Les nombreuses pentes de la montagne, loin d'offrir à ces pauvres animaux des occasions de repos, ne faisaient qu'accroître leur fatigue, parce qu'ils étaient obligés d'opposer une ferme résistance à la rapidité naturelle des roues qui, livrées à leur aveugle impulsion, leur auraient sans cela broyé les jarrets en amenant sur eux tout le poids de la charge.

Les charretiers marchaient près de leurs attelages, criant et pestant selon leur habitude, et faisant claquer leurs fouets sur les flancs de leurs chevaux. Le maître de ce riche chargement suivait avec un air soucieux; il supputait en lui-même si le prix du transport et de la dispendieuse escorte qui l'accompagnait n'absorberait pas tout entiers les bénéfices qu'il avait compté faire sur ses marchandises. Cet homme était un marchand.

A cette époque reculée, les routes étaient aussi mauvaises pour les voitures que dangereuses pour les voyageurs. Cette dernière considération avait déterminé le marchand à prendre avec lui vingt hommes d'armes, qu'il payait au poids de l'or pour escorter le convoi, et qui devaient protéger tout ce qui appartenait au marchand contre la rapacité des malfaiteurs.

Au moment où le convoi venait de s'engager dans un défilé étroit, un homme de l'escorte s'approcha du marchand, plongé alors dans une profonde rêverie :

— Maître, lui dit-il en l'abordant, nous voici dans un passage très périlleux. Plaise à saint Kilian, notre patron, qu'il ne nous arrive aucun malheur ici! Une fois ce passage franchi, nous pourrons nous regarder comme hors de danger. Vous serez alors autant en sûreté que dans votre propre maison.

— Comment l'entendez-vous? demanda le marchand effrayé; n'avons-nous pas déjà passé dans des endroits plus incommodes?

— Sans doute, répondit le mercenaire homme d'armes; aussi ne parlé-je point de la route elle-même, mais seulement des hommes qui y font leur séjour. Levez les yeux vers le haut de la montagne : il y a là des gens toujours disposés à faire bonne chère et à boire le meilleur vin. Mais, loin d'être comme nous, ils ont horreur du travail, et se contentent de convoiter tout ce qui ne leur appartient pas. Par exemple, je gagerais que vos tonneaux de vin, que les ballots et les caisses qui sont sur vos voitures sont parfaitement de leur goût....

— Voulez-vous parler des brigands? interrompit vivement le marchand.

— Oui et non, dit l'homme à l'escorte. C'est comme on voudra l'entendre. Pour brigands, ils le sont bien certainement; mais ils ne veulent point être appelés ainsi. Ils se donnent eux-mêmes le titre de nobles chevaliers, et, dans leur argot, piller, c'est *vivre de l'étrier*, parce que d'ordinaire c'est à cheval qu'ils rançonnent les voyageurs. Mais je vous avouerai toutefois que le vulgaire les appelle tout simplement brigands, maraudeurs et chenapans, noms qui leur conviennent très bien, comme vous pouvez croire.

— Avez-vous la crainte qu'ils ne nous attaquent? demanda le marchand troublé; mais d'ailleurs n'êtes-vous pas là pour me défendre de votre mieux.

— Votre personne, cela va sans dire, répondit l'homme d'armes en hésitant; mais vos effets et marchandises, c'est tout autre chose. Cela dépend absolument des circonstances. Voilà le Spielberg! voilà aussi le Schreckenstein! le....

— Dahou! c'était un signal donné par un cor dans l'intérieur du bois. Ce son fit tressaillir le marchand, qui leva un œil épouvanté vers les parois élevées de la montagne. Alors les charretiers frappèrent avec vigueur de leurs fouets les chevaux fatigués, tandis que les gens de l'escorte se regardaient avec inquiétude.

— Dahou! dahou! répéta le cor dans toutes les directions, et, en un clin d'œil, des deux bouts du défilé sortit une troupe armée qui fit pleuvoir sur les voyageurs une grêle de traits,

Aussitôt les charretiers se blottirent sous les voitures. Les chevaux, ne sentant plus les rênes, profitèrent de l'occasion pour prendre quelques instants de repos dont ils avaient bien besoin. Les hommes de l'escorte formèrent en toute hâte un peloton qui, pour sa propre sûreté, étendit le plus possible ses lances de fer, se trouvant ainsi rangés en bataille, et attendant de sang-froid l'attaque positive de l'ennemi.

Les brigands ne montrèrent pas la moindre hésitation. Ils firent main basse sur le chargement des voitures qui n'avaient pas de défenseurs. Les ballots et les caisses, qui pouvaient être emportés sur les chevaux, furent aussitôt enlevés par les maraudeurs; les autres, ainsi que les tonneaux de vin, furent laissés sur les voitures, auxquelles on fit prendre la direction de la forteresse, repaire des brigands. Pendant ce temps-là, les valets des voleurs surveillaient les gens de l'escorte, afin de les combattre s'ils eussent fait mine de vouloir s'opposer à l'enlèvement du butin. Mais cette précaution était bien inutile, puisque les lâches hommes d'armes gardaient la plus complète inaction.

Il n'en était pas de même du maître des marchandises, qui tout d'abord réclama l'assistance des hommes de l'escorte.

— Allons! criait-il à ces hommes, tombez donc sur ces infâmes brigands; arrachez-leur le fruit de leurs rapines! N'est-ce pas pour cela que je vous ai payés au poids de l'or, lâches que vous êtes? continua-t-il en voyant le peu d'effet de ses exhortations.

— Permettez, répondit le chef de l'escorte; il faut bien céder à une force majeure. Comptez vous-même les ennemis qui nous observent, et certainement vous nous approuverez.

— Honte aux soldats qui comptent les ennemis avant de se mesurer avec eux, répliqua le marchand. Perfides vauriens, ne m'aviez-vous pas promis de verser pour moi jusqu'à la dernière goutte de votre sang?

— La dernière certainement, lui répondit-on, mais non pas la première, ni les autres, qu'il nous faut réserver pour ceux qui, à l'avenir, prendront notre sûre escorte pour les accompagner.

Le marchand se détourna avec dégoût; ces fourbes mercenaires ne pouvaient lui être utiles. Il s'adressa d'une voix suppliante aux brigands qui se retiraient, et les conjura de lui rendre ce qu'ils venaient de lui enlever. Ses prières étaient accompagnées d'une pantomime animée : il se tordait les mains et les bras, se frappait la poitrine de coups redoublés, s'arrachait les cheveux avec toutes les démonstrations du désespoir. Mais voyant qu'il ne les touchait nullement, alors sa fureur, d'abord concentrée, devint de la rage : il vomit contre les brigands toutes les injures, toutes les imprécations qui lui vinrent à la bouche; il alla même jusqu'à saisir une pierre qu'il jeta contre un cavalier qui, lancé au galop, emportait un ballot de soie d'un grand prix. Alors le cavalier tourna bride, et du pommeau de son épée frappa le marchand dévalisé, et lui donna un coup si violent au visage, que celui-ci tomba à terre tout abasourdi et baigné dans son sang. Cet incident fit mettre pied à terre au noble détrousseur de grands chemins; mais ce n'était pas pour porter secours au blessé comme on le pense bien. Il fouilla les poches de l'homme évanoui, et s'applaudit beaucoup en lui-même de cette action qui lui valut une bourse passablement garnie de pièces d'or.

Cependant les charretiers et les hommes de l'escorte s'étaient enfuis, de sorte que, sur le champ de bataille qui tout à l'heure était si animé, il ne resta plus que le marchand qu'on venait de dépouiller.

CHAPITRE DEUXIÈME.

Le pèlerin.

Il y avait à peine dix minutes que s'étaient passés les événements que nous venons de raconter, lorsqu'il se fit quelque mouvement dans les fourrés, à peu de distance de l'endroit où était tombé le marchand blessé. Un homme, accompagné de deux enfants, parvint, après beaucoup de difficultés, à sortir du milieu d'épaisses broussailles.

Le costume de ces trois personnages était des plus étranges. L'homme portait un long vêtement de couleur sombre qui lui descendait depuis la nuque du cou jusqu'aux talons. Au lieu de souliers, il avait des sandales fixées à la plante de ses pieds nus, et maintenues par des lanières entrelacées et croisées autour de la jambe. Sa tête était couverte d'un large et grand chapeau, dont les immenses ailes, retombant sur ses épaules, étaient ornées de nombreux coquillages. Une gourde, formée d'une petite calebasse, pendait au bout d'un long bâton que le pèlerin portait dans sa main droite.

— Voilà une malheureuse journée pour nous! dit en soupirant le pèlerin, lorsqu'il fut sorti du difficile défilé. S'égarer ainsi, au point de ne pouvoir, après tant d'heures perdues à chercher, découvrir ni un chemin, ni une habitation hospitalière! Pauvres enfants, vous devez être bien fatigués! la faim doit aussi vous faire sentir ses terribles aiguillons! Toutes les baies cueillies sur les arbrisseaux, toutes les racines ramassées dans le bois, ne peuvent vous tenir lieu d'un pauvre morceau de bon pain! Hélas! j'espérais tant rencontrer ici des hommes! Le malin esprit a sans doute voulu se moquer de nous, lorsqu'il nous a fait croire qu'il venait de ce côté un bruit comme celui qu'il nous a semblé entendre tout à l'heure.

— Qui sait en quoi cela peut nous être bon? s'écria un des deux enfants dont la chevelure d'or s'échappait en épaisses boucles de dessous son large chapeau, et faisait reconnaître, à la délicatesse de ses traits, à la douceur de ses yeux bleus, une charmante jeune fille.

— Le père Asseline, poursuivit-elle, m'a donné ces paroles comme une panacée pour tous les événements malheureux qui pourraient nous survenir pendant notre pèlerinage. Il est de fait qu'elles peuvent toujours trouver leur application, quoique nous ne la voyions pas toujours.

— Tu me fais presque rougir, répondit le vieux

pèlerin; et si tu es si résignée, j'aurais bien mauvaise grâce à me plaindre... Mais si je ne me trompe, j'aperçois devant nous une grand'route... Ah! remercions Dieu de cette rencontre! Il est certain qu'elle nous conduira vers des lieux habités.

L'autre petit pèlerin, qui suivait à une légère distance, heurta en ce moment, dans la bruyère, le corps du marchand, dont la figure enflée était couverte d'un sang coagulé. A cette vue, l'enfant, saisi de frayeur, laissa échapper un cri sourd, qui appela de son côté l'attention de ses deux compagnons.

— Qu'as-tu, Benno? lui demanda sa sœur qui était plus âgée que lui.

L'enfant ne dit pas un seul mot; mais il s'expliqua par un geste muet et par un regard d'effroi jeté du côté du blessé.

— Grand Dieu! s'écria le pèlerin, après s'être approché du marchand toujours sans connaissance; ce bruit que nous avons entendu était

Le petit Benno laissa échapper un cri qui attira de son côté les yeux de ses compagnons.

sans doute celui d'un combat contre des malfaiteurs?

Et sans en dire davantage, il fit comme le charitable Samaritain de la céleste parabole; il lava la figure du marchand avec de l'eau puisée dans sa gourde; il étancha le sang qui inondait sa bouche; en un mot, il pansa le blessé en homme expérimenté. Puis il s'attacha à faire revenir à lui cet homme privé de sa connaissance; et il n'eut pas de peine à y parvenir.

— Où sont mes ballots et mes caisses? tels furent les premiers mots du marchand. Les infâmes brigands ont-ils été vaincus? En parlant ainsi, il promenait de tous côtés ses regards effarés.

— Vos effets sont en lieu sûr, répondit le pèlerin avec un accent plein de douceur; ils sont en sûreté, car dans ce monde rien ne se perd. Si, pour le moment, ils sont dans des mains improbes, ils vous reviendront, soyez-en convaincu, si, au jugement du Tout-Puissant, ils peuvent être utiles à votre salut. En tout cas, les brigands auront à subir la justice de Dieu. Tranquillisez-vous là-dessus.

Le marchand se leva avec la précipitation d'un homme qui serait piqué par une vipère :

— Qui êtes-vous, dit-il, avec vos paroles de miel? Osez-vous tenir un pareil langage à un homme qu'on a dépouillé, à un homme dont la ruine est complète?

— Vous dites que vous avez tout perdu, répliqua le pèlerin; mais n'avez-vous pas encore la vie, ne jouissez-vous pas encore de l'usage de vos membres, de la parole, de l'intelligence, avec lesquels vous pouvez acquérir une nouvelle fortune? Ce n'est rien que d'être pauvre, de n'avoir pas d'argent; il y a des conditions infiniment plus misérables. Regardez cet aimable enfant; c'est mon fils... Il pouvait faire la joie de mes jours, et sa vue me nâvre de douleur. Il lui manque, à lui, un bien pour lequel je sacrifierais avec joie toutes vos richesses, quand même vous auriez le pouvoir et la volonté d'en disposer en ma faveur. Vous pouvez exprimer votre colère par des paroles; vous pouvez aussi faire partager aux autres votre indignation; vous pouvez encore faire traduire devant la justice les brigands qui vous ont dépouillé, et appeler sur eux une condamnation; vous pouvez plus encore : vous pouvez, par cet organe de la parole, vous livrer à de nouvelles spéculations, et refaire votre fortune. — Mais mon pauvre enfant est un mort parmi les vivants; il est triste pendant que les autres enfants sont joyeux; il serait pauvre au sein des plus grandes richesses. Car il est muet!... Et encore je dois rendre grâce à Dieu de ce qu'il ne soit pas sourd; car alors il n'aurait rien eu que le visage qui le distinguât des autres animaux. Vous plaindrez-vous encore, vous qui avez le bonheur de jouir du don de la parole, de ce bienfait précieux de la Divinité?

Lorsque l'on voit des hommes plus malheureux que soi, on est plus disposé à trouver sa peine moins amère, à se résigner à son sort. Il en fut ainsi du marchand. Son désespoir se calma un moment, sa physionomie parut exprimer plus de résignation, et son désespoir n'être devenu qu'un simple regret. Il mit même la main à sa poche pour y chercher sa bourse, dans le but d'égayer ces pauvres enfants par la vue de quelques pièces d'or. Mais sa fureur reprit de plus belle lorsqu'il reconnut qu'on lui avait enlevé cette dernière ressource.

— Quoi ! ces infâmes brigands m'ont aussi pris mon or ! s'écria-t-il dans un accès de rage.

— Lorsque, dit le pèlerin, je pus apprécier la lourde tâche que le Seigneur m'avait imposée en privant mon enfant de la parole, je me gardai bien de me déchaîner, mais je cherchai en tous lieux un médecin capable de le guérir. Tout mon avoir y fut absorbé. Cependant je ne murmurai point. Enfin je me suis mis en route pour la Suisse, afin d'obtenir, par l'intercession puissante de la mère de Dieu, Notre-Dame de Bon-

Secours, ce que la nature avait refusé à mon pauvre enfant. J'ai fait avec ces faibles créatures un long voyage de plusieurs centaines de lieues; elles ont supporté les fatigues des mauvais chemins, le froid et la chaleur, la faim et la soif, des privations de toute espèce; et elles ont supporté tout cela avec un courage et une résignation au-dessus de leur âge. Encore ne savons-nous pas si la Vierge bénie nous exaucera; car sa grâce ordinairement ne se répand que sur ceux qui ont une foi aveugle en son efficacité. Vous voyez donc bien que votre malheur n'est pas comparable à celui qui nous a frappés. Vous aviez de l'or que vous aviez gagné; vous l'avez perdu; mais cette perte ne peut-elle se réparer? Ne peut-on trouver de l'or partout? Prenez donc courage et ne vous désolez plus ainsi!

Les paroles consolantes du pèlerin calmèrent le cœur du marchand, comme déjà l'eau fraîche de sa gourde avait étanché le sang du blessé.

Cependant le marchand s'étant un peu remis,

comme il connaissait parfaitement la route à suivre pour se rendre à la ville voisine, la petite caravane se mit en marche sous sa direction.

Ils avaient longtemps cheminé en silence, lorsque le marchand, s'arrêtant tout à coup, s'écria avec une menaçante amertume :

— Voilà la demeure de l'infâme brigand qui m'a enlevé mes marchandises !

Le pèlerin tourna la tête dans la direction du bras du marchand, et aperçut à quelque distance un roc élevé sur lequel se dressait avec orgueil un château fort. Le soleil couchant dorait de ses derniers rayons les fenêtres et les créneaux du manoir, tandis que, dans la vallée, un brouillard sombre commençait à s'étendre sur la campagne. Dans un horizon reculé, les glaciers brillaient d'un éclat et d'une splendeur infinis. Par la volonté du Tout-Puissant, la glace elle-même semblait avoir pris feu. Dans l'éloignement, dans une échappée de vue à travers les gorges des montagnes se dessinait comme un miroir le lit d'un lac profond; sur ses rives, de blanches murailles et d'innombrables maisons annonçaient la splendeur d'une grande ville. Sur les Alpes, les chalumeaux des pâtres faisaient entendre le pittoresque et mélancolique ranz des vaches, et l'écho répétait les vibrations de la cloche sacrée annonçant aux travailleurs la fin des travaux de la journée.

En entendant ces sons religieux, le plus âgé des pèlerins ôta pieusement son chapeau orné de coquillages. Pendant que sa main droite faisait le signe de la croix, ses lèvres commencèrent à dire l'*Ave Maria*, et il se frappa trois fois la poitrine. A ses côtés s'agenouillèrent les deux charmants enfants; il ne leur manquait qu'une auréole pour ressembler tout à fait à deux anges. De leurs têtes religieusement penchées, leurs cheveux retombaient sur leurs épaules en formant mille boucles d'or. Pendant que les regards de la jeune fille étaient humblement fixés vers la terre, les deux yeux d'azur du petit muet considéraient le ciel avec un saint enthousiasme.

Le marchand avait machinalement imité le pieux exemple du pèlerin; cependant sa prière était entremêlée d'adjonctions peu édifiantes, et qui témoignaient de la disposition habituelle de son âme. Il murmurait à demi-voix : Je vous salue, Marie... Maintenant chevauchent là-haut, dans le défilé, pour se rendre dans leur repaire, les voleurs qui m'ont pillé... Que le Seigneur soit avec vous!... Mes tonneaux de vin les suivent... Soyez bénie entre toutes les femmes!... Puisse le diable les étouffer!

A peine le marchand avait-il formé ce vœu peu charitable, que l'air, calme jusqu'alors, fut troublé tout à coup par un cri profond et terrible. Bientôt cet effroyable cri fut répété par tous les échos de la montagne, par les gorges et par les vallées. Les oiseaux, éveillés en sursaut, tressaillirent, et pleins de frayeur, s'enfuirent en voletant de leur paisible et sûre retraite. Les troupeaux se sauvèrent, en gémissant, sur les Alpes. Les bergers, qui avaient interrompu leurs chants agrestes, et laissé tomber de leurs mains leurs rustiques chalumeaux, suivaient leurs bestiaux dont ils partageaient l'effroi. Les pêcheurs, naviguant sur le lac dans leurs nacelles, à ce cri tout à fait inconnu, fendirent rapidement les flots, et se hâtèrent de regagner la rive.

La cloche du soir se taisait tandis que la nature entière soulevée était en proie à une violente convulsion. Le terrible mugissement qu'on venait d'entendre avait imprimé à toutes les créatures un sentiment d'effroi que n'auraient pas produit ensemble le rugissement furieux du lion, le hideux hurlement de l'hyène, le féroce grognement de l'ours, en un mot tous les accents d'épouvante que peut produire la nature. Il inspirait à tout être sensible l'effroi, l'horreur et le dégoût.

Dans leur frayeur, les deux jeunes pèlerins avaient cherché un refuge dans les bras de leur père. Celui-ci, la figure pâle, interrogeait du regard le marchand, qui lui offrait de son côté une face blême de stupeur. Ce dernier était également sans voix. Il lui semblait que le démon seul pouvait être l'auteur de cris aussi formidables, et qu'il planait sans doute au-dessus du château maudit, afin de procéder à la chute des brigands dans les enfers; cependant ses yeux ne pouvaient rien découvrir, ce qui, loin de diminuer ses angoisses, ne faisait que les augmenter.

CHAPITRE TROISIÈME.

Le dragon.

Nos voyageurs étaient encore dans une sorte de prostration, lorsqu'ils virent à une petite distance des carriers munis de leurs pinces et de leurs hoyaux gravir un roc d'un pas rapide. Dès que ceux-ci eurent gagné le haut du rocher, ils prirent, comme on dit vulgairement, leurs jambes à leur cou, et disparurent en un clin d'œil. En vain le vieux pèlerin les appela pour leur demander la cause du trouble général qu'ils voyaient autour d'eux. Les carriers ne l'entendirent pas, et le pèlerin serait demeuré dans son incertitude, si un autre carrier, qui paraissait âgé, et qui marchait tranquillement sans aucune apparence de frayeur, ne fût venu à passer après les autres.

Les voyageurs lui demandèrent avec empressement l'explication de tout ce qu'ils venaient d'entendre et de voir.

— A la question que vous m'adressez, répondit l'homme avec mystère, il ne m'est pas difficile de reconnaître que vous êtes des étrangers, quand bien même votre costume ne me le dirait pas. Le bruit que vous avez entendu provient d'un horrible dragon qui a fait un lieu d'épouvante de notre pays auparavant si paisible. Peut-être déjà avez-vous entendu parler au loin de ce monstre sanguinaire, dont l'insatiable voracité engloutit hommes et troupeaux. Vainement de braves chevaliers chrétiens ont exposé leur vie pour le combattre... Ah! c'est sans doute un châtiment que le ciel nous inflige en punition de nos péchés et du déplorable relâchement de la foi. A coup sûr, il est sorti de l'enfer, ce vilain dragon qui nous couvre de son venin au moment où nous croyons pouvoir nous livrer au bonheur. Son épouvantable hurlement est pour nous le glas des agonisants qui nous annonce notre dernière heure.

— Ah! interrompit le marchand avec une rage concentrée, qu'il me serait agréable d'apprendre que cette agonie dont vous parlez a saisi le brigand qui demeure là-bas dans le ravin! Plus tôt sonnera sa dernière heure, plus j'en aurai de joie.

— Ah! ah! répliqua le vieux carrier, il me paraît qu'en ce moment vous chantez votre propre complainte. Je vois, à votre figure allongée, que vous êtes déjà tombé dans les pattes de ce brigand. Le Schreckenstein est aussi un dragon, mais un dragon d'une espèce particulière. L'autre ne demande que du sang et de la chair, tandis que celui-ci ne convoite que le bien et les richesses du prochain. Mais, de même que les lances des chevaliers les plus intrépides se sont brisées en éclats sur l'écaille invulnérable du terrible monstre, de même de nombreux bataillons se sont venus briser contre les solides rochers qui protégent la retraite du brigand. Comment vaincre l'aigle dans son aire inaccessible? Aussi le Schreckenstein, au sein de sa forteresse inabordable, se rit-il des entreprises dirigées contre lui.

— Mais pourquoi, demanda le marchand contrarié de cette conclusion, pourquoi ne cherche-t-on pas à surprendre ces bandits pendant leurs excursions? Pourquoi ne leur coupe-t-on pas la retraite? Pourquoi n'essaye-t-on pas de les prendre par la famine au moyen d'un cordon militaire dont on les entourerait, comme d'une ceinture infranchissable.

— Pourquoi? pourquoi? Cela est bien facile à

dire, répondit le vieux carrier, mais qui oserait essayer de le faire? Ce ne seraient pas, je pense, d'autres chevaliers. Une corneille ne crève pas les yeux à sa compagne, et, comme dit le proverbe, les loups ne se mangent pas entre eux. Sera-ce donc notre ville? L'entreprise est au-dessus de ses forces. Tout ce qu'elle a la volonté et le pouvoir de faire, c'est de changer la direction de la grande route, afin qu'elle ne passe plus dans le voisinage du périlleux repaire. Mais pour l'accomplissement de ce projet, il faut briser un roc aussi dur que l'acier. On assure que cette opération n'absorbera pas moins de trente années, et pourtant nous n'y épargnons pas nos bras. Mais, voyez-vous, je pourrais emporter le soir dans ma casquette les éclats de roc qu'un ouvrier est parvenu à détacher par le travail de toute une journée. Aussi le Schreckenstein se rit de tous nos efforts, et n'a pas même songé jusqu'ici à troubler nos travaux.

En pensant de nouveau à ses pertes, le marchand avait totalement oublié le dragon. Il n'en était pas de même du vieux pèlerin, qui avait toujours dans les oreilles l'effroyable hurlement du monstre.

— Pourquoi donc, demanda-t-il au carrier, les hommes que nous avons vus tout à l'heure fuyaient-ils d'une vitesse si précipitée? Y a-t-il ici quelque danger de tomber au pouvoir du dragon? Où se tient ce monstre habituellement?

— On dit, répliqua le carrier, que le dragon est un animal ordinaire. Pour moi, je n'en crois rien. Il est, pour cela, trop subtil, comme vous allez voir. Ainsi notre contrée s'applaudit de posséder la sainte et miraculeuse image de Notre-Dame de Bon-Secours, qui attire chaque année des milliers de pèlerins. La chapelle, où est déposée cette image vénérée, est située sur le haut des rochers de Mariahilf. Eh bien! le rusé dragon a établi sa demeure au pied de ces mêmes rochers, comme s'il eût deviné, en quelque sorte, que la foi ardente bravant tous les dangers, il aurait, par ce moyen, tous les jours de nouvelles proies. Mais les pèlerins, ses victimes, ne suffisent point à sa monstrueuse voracité. Aussi parcourt-il souvent le pays pour s'y procurer un supplément de nourriture. Le cri que vous avez entendu annonce qu'il est dans le voisinage. Cependant, il ne sera pas ici où nous sommes avant une heure. Par un effet de la bonté de Dieu, qu'on ne saurait trop bénir, le serpent devin, le serpent à sonnettes, le dragon, et les autres monstres-géants des forêts, annoncent eux-mêmes leur présence, et ne peuvent ainsi nous surprendre à l'improviste. Une autre circonstance heureuse, c'est que le monstre qui désole nos contrées ne peut perpétuer sa race en faisant des petits; sans quoi, nous autres enfants des hommes, nous serions tous perdus. Chaque année, une carpe pond dix œufs par centaines de mille; une lionne fait un petit ou deux au plus. Le dragon n'en fait aucun. Ainsi la propagation des créatures, selon l'ordre admirable de la Providence, est réglée d'après leur utilité sur la terre. Tout cela ne prouve-t-il pas jusqu'à la plus grande évidence la sagesse infinie du divin Créateur?

— Vous avez bien raison, répondit le pieux pèlerin; mais, dites-nous, je vous prie, ce que nous devons faire. Nous venons aussi pour visiter l'image miraculeuse. Pensez-vous que nous ferons prudemment de tenter de nous rendre aujourd'hui même à la ville? Croyez-vous qu'il soit possible que nous y arrivions?

— Oui, sans doute, je le pense, reprit le carrier; cependant je vous conseille de vous hâter si vous ne voulez pas trouver les portes de la ville fermées quand vous arriverez.

Le pèlerin et le marchand remercièrent l'obligeant carrier de ses avis et se dirigèrent vers la ville qu'ils atteignirent avant la nuit close. Ils virent avec surprise une énorme quantité de sable aride qu'il leur fallut traverser avant d'arriver aux portes de la ville. Ils trouvèrent les rues remplies d'habitants qui, du seuil de leurs maisons, considéraient avec inquiétude le gardien de la Tour, placé sur une galerie élevée, d'où ses regards exploraient attentivement la campagne. Les quatre voyageurs entrèrent avec d'autres étrangers à l'auberge du marché. Là ils apprirent des détails plus positifs sur le terrible et vorace dragon.

Lorsque la nuit fut venue, le gardien cria, du haut de son observatoire, que l'obscurité ne lui permettait plus de rien distinguer. Ses paroles furent suivies immédiatement d'un affreux grondement du dragon ; il devait alors se trouver bien près de la ville. Aussitôt, il se fit dans les rues un silence semblable à celui de la mort ; les lumières furent éteintes partout, les portes et les volets fermés. Les enfants se réfugièrent avec terreur dans les bras de leurs parents, se gardant bien de faire le moindre bruit dans la crainte de faire soupçonner au dragon leur présence. Le dragon cependant se rapprochait plus bruyant, plus terrible; il jetait son formidable cri à travers la ville désolée, dont les habitants, dans la stupeur, imploraient l'assistance de Dieu et de tous les saints du paradis.

— Maintenant, ô mon Dieu, disaient de concert tous les gens de l'auberge, faites qu'il ne tombe pas de la pluie en ce moment!

Ce vœu surprit étrangement le pèlerin; il ne voyait point ce qu'il pouvait y avoir de commun entre la pluie et le dragon. La pluie est un bienfait de Dieu, et en ce moment elle paraissait fort désirable pour les biens de la terre aux environs de la ville. Le pèlerin, en effet, avait pu remarquer sur la route que les arbres, faute d'eau, avaient leur feuillage flétri et que les plantes penchaient languissamment leurs tiges desséchées. Alors, il avait pensé que des nuages chargés d'eau seraient salués avec reconnaissance dans la soirée. Il était bien étonné d'entendre tout le contraire.

L'hôtelier, vieillard vif et robuste, lui expliqua ce mystère.

— Du courage ! bonnes gens, dit-il à ses hôtes effrayés ; vous pouvez être sans crainte ! Le dragon n'est pas encore dans la ville, et je le défierais bien d'y arriver.

— Comment cela ? demanda notre vieux pèlerin.

— Comment ? répliqua vivement l'hôtelier ; c'est qu'il ne pourra qu'à grand'peine traîner son vaste corps sur le sable sec qu'on a amassé aux abords de la ville. Dieu merci ! il nous en coûte assez d'argent et de peine pour faire venir ce sable de bien loin. Voilà pourquoi aussi longtemps qu'il ne tomberait pas de pluie, nous n'aurions rien à craindre du dragon, qui ne pourrait se mouvoir que très difficilement au milieu de cette mer de sable.

Au même instant, le sourd roulement d'un tonnerre lointain vint dérouter les paroles de l'orateur. L'orage approchait, et l'assurance des assistants, un moment soutenus par l'espoir, s'évanouit comme un songe. Un vent furieux, précurseur de l'orage, le poussa rapidement sur la ville désolée. Les coups de la foudre se multipliaient. De lumineux éclairs pénétraient à travers les fentes des volets, et laissaient voir des visages pâles de terreur. Aux éclats du tonnerre se mêlaient les hurlements furieux du dragon, qui tentait de se frayer un passage au milieu des dunes de sable formées pour lui faire obstacle, et qui signalait chaque tentative infructueuse par un mugissement horrible.

Bientôt l'anxiété des habitants fut à son comble, car la pluie tombait à torrents dans les rues. Chacun se réfugia dans le coin le plus reculé de sa maison, sentant à l'avance dans son cœur le souffle glacé de la mort. Le tonnerre et le dragon faisaient ensemble un épouvantable concert; et au même instant, un bruit de chaînes retentit sur le pavé de la rue.

— Dieu soit loué! dit l'hôtelier avec un soupir longtemps comprimé; on a lâché les condamnés !

Au même instant les murs tremblèrent; le reptile gigantesque venait d'envahir les rues, et devant l'auberge même on entendit les cris et les gémissements d'un homme que le monstre broyait sous ses effroyables mâchoires. Pour l'instant le dragon était repu. Il lui fallait le temps de faire sa digestion ordinairement assez laborieuse. Il resta donc sans mouvement, exhalant une respiration bruyante qui ressemblait au bruit d'un soufflet de forge. Une heure après, l'animal rassasié traîna ailleurs son horrible corps.

— Enfin le péril est passé, encore une fois, dit l'hôtelier en essuyant avec son mouchoir la sueur qui couvrait son front. Grâce à la sainte Vierge, nous n'avons à pleurer aucune innocente victime. Il faut louer notre sage gouvernement d'avoir eu la précaution de placer des criminels à portée de la gueule du monstre, ou du moins de faire en sorte qu'ils ne puissent échapper à sa voracité. Il est vrai que cela diminue la besogne du bourreau qui se montre, pour cela même, fort irrité contre son concurrent.

— Que voulez-vous dire, demanda le marchand, avec les criminels et le bourreau?

— Je m'explique, reprit l'hôtelier; lorsque toutes les ressources sont épuisées dans la campagne, et que le dragon fait invasion dans notre malheureuse cité, on chasse au plus vite les condamnés à mort de leurs cabanons. Ceux-ci, sortant, toutes les maisons étant fermées, et chargés de leurs chaînes dont le bruit les trahit, deviennent inévitablement la proie du monstre. Mais, en supposant qu'il s'en échappe quelques-uns, on peut aisément les reprendre, leur chaîne ne laissant pas aisément la liberté de fuir.

— Mais, demanda le pèlerin, y a-t-il donc toujours des criminels tout prêts qui ont mérité la mort?

— Hum ! hum ! fit l'hôtelier ; la justice a soin de s'arranger en conséquence. Vous me comprenez, je pense. De deux maux, il faut choisir le moindre ; et plutôt que de sacrifier nous ou nos enfants, on aime mieux livrer de la viande étrangère au seigneur dragon.

Le vieux pèlerin répondit à l'hôtelier par une pantomime expressive, mais en s'abstenant de toute réflexion. Il fit avec ses enfants un repas frugal ; puis ils furent tous trois chercher quelques heures de repos sur la couche de paille qu'on leur avait préparée dans la chambre voisine.

Quant à Job, le marchand, il n'avait, disait-il, aucun besoin de dormir ; il assurait qu'il n'était pas fatigué, quoiqu'on dût croire le contraire, à cause de sa blessure. Mais le regret de ses richesses perdues, joint au désir de la vengeance, suffisait pour le tenir éveillé. Plongé dans ses réflexions, il se promenait à grands pas dans la chambre.

CHAPITRE QUATRIÈME

Le Juif.

Dès que la panique fut calmée, les habitants de la ville cherchèrent promptement à la noyer dans le vin. Les buveurs affluèrent successivement à l'auberge; le dragon était naturellement le sujet de leurs conversations. L'hôtelier aurait bien voulu, en son âme et conscience, que le monstre visitât ses concitoyens tous les jours; car on buvait du vin outre mesure, et le vendeur y trouvait bien son compte. Pour éviter que les têtes ne s'échauffassent trop, et que l'on ne sortît des bornes d'une honnête gaieté, il envoyait au puits de la maison une servante avec deux seaux. Il avait l'attention de tempérer par l'eau la trop grande force du vin. De cette façon le sommeil du vieux pèlerin ne pouvait être troublé par les causeries paisibles de ces braves bourgeois. Tout à coup on entendit dans la rue un cri plaintif auquel se mêlèrent bientôt plusieurs voix. Les buveurs à moitié ivres sortirent à l'instant de la salle et vinrent faire chorus avec la rumeur.

Plusieurs individus criaient ou plutôt hurlaient avec fureur :

— Tuez-le... qu'on le crucifie!... qu'on lui donne la torture avec des tenailles! Vengeance! vengeance contre tous les scélérats de cette espèce!

Le bruit avait tiré le vieux pèlerin de son premier sommeil. Il se releva, et suivi de ses deux enfants qui ne pouvaient dormir à ce charivari, il sortit à la porte de l'auberge, où il vit un groupe compacte de personnes qui menaçaient et frappaient tour à tour un homme qui se trouvait au milieu d'elles.

Dès qu'on eut apporté de la lumière, le vaste chapeau orné de coquillages et le long bâton que portait notre homme firent tout aussitôt reconnaître en lui un pèlerin. Son apparition au milieu de cette foule ameutée fit une sensation profonde, qui s'accrut encore lorsque le pèlerin, étendant son bâton sur les assistants, dit d'une voix calme et qui commandait l'attention :

— Au nom de la très sainte mère de Dieu, la Vierge de Mariahilf, que signifient toutes ces violences ? Convient-il de troubler ainsi le repos de la ville, au moment même où elle vient d'être si cruellement éprouvée ? Ne devrions-nous pas plutôt réciter les psaumes de la pénitence, et nous frapper la poitrine en signe de repentance, plutôt que de persévérer dans des habitudes désagréables à Dieu ?

Dans le premier moment, la foule resta interdite comme une souris prise dans son trou. Mais bientôt plusieurs des tapageurs élevèrent ensemble la voix pour exposer leurs raisons.

— Parlez l'un après l'autre, reprit avec autorité le pèlerin, qui remarqua seulement alors au sein de la foule un homme tout couvert de sang, et dont les vêtements avaient été mis en lambeaux par la populace.

— Que voulez-vous faire de cet homme? demanda le pèlerin.

Quand même cet homme n'aurait pas porté une longue barbe, on l'eût facilement reconnu pour un juif.

— Qu'Élisabeth parle! Elle sait tout, dirent plusieurs voix.

Élisabeth s'avança pour satisfaire à l'invitation.

— Mon maître, dit-elle, m'avait envoyée chercher de l'eau au puits de l'auberge. Lorsque j'ai eu mis la main au cabestan pour ramener le seau

La rage de la foule sembla redoubler, les poings se levèrent menaçants

qui était plongé dans l'eau, la voix d'un homme m'a fait entendre des accents plaintifs. Il me conjurait avec instance de le retirer du puits. Alors toute troublée, j'appelle au secours. Aussitôt Joseph, le garçon de notre hôtellerie, accourt à mon aide, et tous deux nous ramenons ce juif qui s'était cramponné à la corde du puits.

— Et maintenant, pourquoi le maltraite-t-on? demanda le pèlerin.

— Il a voulu empoisonner l'eau du puits, crièrent à la fois jeunes et vieux.

— Avez-vous des preuves à l'appui de cette grave accusation ?

— Voilà le poison qui a été trouvé dans sa poche, dit Joseph, le garçon de l'auberge, en montrant un petit paquet de couleur blanche.

Dès que l'on vit la preuve accusatrice, la rage de la foule sembla redoubler, les poings se levèrent menaçants, et les coups tombèrent comme grêle sur le pauvre juif qui se lamentait.

— Ah! Seigneur Dieu! disait-il; quelle injustice! je suis innocent comme les anges du ciel. Ce n'est pas du poison, mais une composition très salutaire que les apothicaires emploient souvent avec succès.

— Il ment! fulmina la foule; il ment! c'est la médecine du diable. La nation juive n'a-t-elle pas déjà empoisonné les puits ou essayé de les empoisonner? A mort le scélérat!

— Qu'alliez-vous faire dans le puits? demanda le pèlerin?

— Hélas! répondit le juif, je me trouvais par hasard dans cette rue, lorsque l'affreux dragon a fait irruption dans la ville. Je suis étranger ici, tout-à-fait inconnu. Personne ne voulait m'ouvrir la porte de sa maison, malgré mes instantes prières... La peur de la mort m'a fait descendre dans le puits, d'où il m'était impossible de sortir sans secours.

— Cela se conçoit, dit le pèlerin.

— Il ment! murmura de nouveau la multitude...

Le poison qu'on a trouvé dans sa poche dépose contre lui.

— Par la côte d'Israël! protesta le juif, je dis que ce n'est pas du poison...

— Oseriez-vous en avaler? demanda le pèlerin.

— Sans doute, répondit le juif, quoique cette drogue soit furieusement salée.

— Donnez-moi cela, dit le pèlerin en étendant la main vers le garçon pour recevoir le paquet. Il déplia le papier et trouva dedans une matière d'un blanc sale assez semblable à un morceau de fondant[1]. Il était dur et inodore. Le pèlerin allait en briser un morceau pour le présenter au juif, lorsqu'une voix s'écria :

— Ça ne prend pas! le juif s'est déjà pourvu de contre-poison!

[1] On appelle fondants les substances qui, chauffées ou mêlées avec certains minéraux, sont propres à en faciliter la fusion.

— Ça ne prend pas! ça ne prend pas! répéta la foule en chœur.

En ce moment parut un petit homme, au teint coloré, qui se fraya un passage à travers la multitude :

— Chers concitoyens, s'écria-t-il en se rengorgeant, je me dévoue pour vous... Mourir du poison ou des tourments que me cause ma méchante femme, n'est-ce pas la même chose? Passez-moi donc le poison du juif, que j'en fasse l'essai sur moi!

Saisissant aussitôt un petit morceau de la drogue que tenait encore le pèlerin, il le mit dans sa bouche avec empressement. Mais il le cracha tout aussi vite.

— Pouah! fit-il avec un affreux signe de dégoût; c'est plus mauvais que la fiente du diable[1],

[1] L'assa-fœtida, à cause de son odeur fétide, est appelée *fiente du diable*. Les Orientaux, au contraire, l'appellent *délices des dieux*, et en mettent quelquefois dans leurs ragoûts.

comme on dit ordinairement. Les criailleries de ma femme même ne sont rien pour l'âcreté auprès du poison juif! Au secours! De l'eau! de l'eau! Ma bouche est tout en feu!

Ses cris ranimèrent la fureur de la multitude, qui n'eut pas de peine à monter au dernier paroxisme de la rage... C'en était fait du pauvre juif sans l'intervention d'un magistrat qui arriva avec plusieurs hommes de la force armée.

— Attachez ce juif! dit-il aussitôt qu'on lui eut donné connaissance de l'affaire. Quant au poison, nous le remettrons, pour en faire l'analyse, au digne et savant frère Berthold!... Allons, maintenant, qu'on se retire, et sur-le-champ.

— O sage et très équitable magistrat, dit tristement l'Israëlite pendant qu'on lui attachait les mains, permettez-moi de vous faire observer que ce petit paquet de sel gemme est tout ce qui me reste aujourd'hui de mon brillant commerce, qu'ont anéanti en me pillant les brigands du Schreckenstein.

— Le Schreckenstein ! dites-vous, s'écria vivement le marchand Job que nous connaissons déjà ; ah ! vous avez été aussi pillé par le Schreckenstein ! Alors je vous tiens pour un honnête homme !... Et que vois-je ? continua-t-il en jetant les yeux sur les hommes de la force armée, je reconnais là mes fripons de l'escorte, qui, au lieu de me défendre, m'ont abandonné aux mains des brigands, après avoir reçu mon argent !... Seigneur ! s'écria-t-il avec colère, vous voulez paraître un magistrat, et vous vous faites accompagner par des voleurs ! Est-ce que vous partageriez avec eux le fruit de leurs rapines ?

Ces paroles téméraires appelèrent sur le malheureux Job la colère du magistrat : il le fit lier comme le juif, et donna l'ordre de le conduire en prison. Lorsqu'ils furent partis tous deux avec les hommes d'armes, la foule se dissipa. Le pèlerin rentra dans l'auberge, l'âme toute contristée, et non sans avoir entendu gronder des murmures contre lui-même, parce qu'il avait paru ne pas partager l'opinion de la multitude.

— Remerciez Dieu, mes chéris, dit-il à ses enfants, remerciez-le de vous avoir donné pour mère une chrétienne; car vous seriez bien malheureux, surtout en ce moment, si vous deviez le jour à une juive!

CHAPITRE CINQUIÈME.

L'image miraculeuse.

— Brigitte, dit le pèlerin à sa petite fille le lendemain matin, nous sommes sur le point d'entreprendre un pèlerinage périlleux ! Tu es douée de tous les dons qui placent l'homme à la tête de toutes les créatures. Je ne veux point que tu t'exposes au danger sans nécessité. Tu resteras ici, pendant qu'avec ton frère j'irai adorer la sainte image. Si les décrets éternels veulent que nous ne revenions pas, si nous sommes dévorés par le dragon, la Providence de Dieu veillera sur toi.

— Non, mon père! s'écria Brigitte avec chaleur; non, je ne vous quitterai jamais, ni vous, ni mon pauvre frère!..... Où vous serez, je veux être aussi.... Avec vous je veux vivre et mourir!

— Obéis-moi, ma fille, c'est ton devoir, dit le père; tu vas...

Ici le vieux pèlerin se sentit vivement tiré par la manche. Surpris il se retourna : c'était le petit Benno qui paraissait en proie à une vive agitation; tous les muscles de sa figure éprouvaient une sorte de convulsion. De temps en temps sa bouche poussait, avec de grands efforts, des sons inarticulés, et son visage changeait à tout moment de couleur, passant d'un blanc pâle à un rouge très vif. D'une main, il repoussait avec tendresse son père et sa sœur vers le fond de la chambre, tandis que de l'autre il se désignait lui-même en montrant la porte.

— Tu veux aller seul à la chapelle de la sainte image, et que nous restions ici? demanda le père qui avait tout de suite compris la pantomime de son enfant.

Benno fit avec sa tête un signe affirmatif.

— Mon pauvre enfant, dit le père avec une vive émotion, comment trouverais-tu seul le chemin, puisque tu ne pourrais le demander à personne? Non, je ne puis consentir à te laisser aller privé de mon secours.

L'enfant tomba à genoux, tendant vers son père ses mains suppliantes. Mais ses yeux, remplis de larmes, parlaient encore plus éloquemment que ses gestes.

— Non, non, reprit le père, je n'y consentirai pas, Benno; je suis touché de ton dévouement; mais je ne me consolerais jamais s'il t'arrivait malheur...

L'enfant muet se leva; il entoura de ses deux bras son père et sa sœur, et leur montra sa bouche comme pour leur faire entendre qu'il renonçait à la faculté de parler.

— Tu préfères rester muet au malheur de nous exposer à quelque danger! s'écria le père avec attendrissement; faudra-t-il donc nous décider à reprendre le chemin de notre pays, tandis que nous touchons presque au but de notre lointain voyage? Veux-tu donc, Benno, traîner toute ta vie une existence misérable? Devons-nous avoir inutilement essuyé tant de fatigues, éprouvé tant de privations? Jamais, mes pauvres enfants, nous ne nous séparerons... Que le Seigneur ordonne de nous ce qu'il lui plaira! Un passereau ne tombe pas du haut d'un toit que Dieu ne l'ait expressément ordonné. Ainsi que sa sainte volonté s'accomplisse!

Transportés de bonheur, les enfants embrassèrent leur père avec effusion. L'hôtelier, ses domestiques, tous les spectateurs de cette scène de famille étaient émus jusqu'à l'attendrissement. Parmi ces derniers, se trouvait une vieille femme qui venait chercher une chopine de vin. Elle tira à l'écart le pèlerin, et lui dit d'une voix affectueuse :

— Si vous voulez me suivre, je vous indiquerai le meilleur chemin pour arriver à l'image miraculeuse. Je vous dirai aussi comment vous pourrez échapper au dragon. Fiez-vous seulement à mes conseils.

Le pèlerin accepta avec une véritable reconnaissance la proposition amicale de la bonne vieille. Il sortit donc de l'auberge, accompagné des bénédictions de tout le monde; et en compagnie de son obligeante conductrice, il traversa, avec ses deux enfants, plusieurs rues qui le conduisirent à une petite maison. C'était celle de la vieille. Celle-ci s'arrêta et dit au pèlerin :

— Attendez-moi un moment ici, je ne serai pas longtemps.

Elle revint en effet bientôt après, portant à la main un petit miroir d'un brillant métal.

— Voyez-vous d'ici ce sentier qui trace une

ligne blanchâtre en serpentant vers le haut de la montagne, dit la bonne femme en étendant la main dans la direction qu'elle indiquait. C'est là le véritable chemin que vous devez suivre. Au-delà, vous trouverez des escaliers taillés dans le roc. Voici quelque chose qui vous préservera des dents du terrible dragon qui hante ces lieux. Vous devez porter cela à la main, dit-elle aux pèlerins en leur donnant le petit miroir. Vous le tiendrez devant vous de manière que les rayons du soleil puissent frapper sur le monstre. Le dragon, ne pouvant supporter cette éclatante lumière, vous laissera poursuivre votre chemin sans vous attaquer. Le soleil vous est nécessaire : choisissez le moment où il brillera. Il vous faut quatre heures pour arriver à la sainte image. Quand vous serez de retour, vous me rendrez le miroir afin que je puisse prêter à d'autres ce précieux talisman.

Le père et les enfants remercièrent la bonne vieille, et lui pressèrent la main en signe d'affection. Puis ils entrèrent dans le chemin désigné, qu'ils parcoururent sans rencontrer aucun obstacle.

Au haut du rocher, ils trouvèrent un asile pieux formé naturellement par l'ombrage verdoyant de hêtres aux feuilles d'un reflet argenté. Ce ne fut pas sans un profond saisissement que les pèlerins pénétrèrent d'un pied respectueux dans le temple du Seigneur, au centre duquel avait été déposée la sainte et miraculeuse image. Le silence et une solennelle obscurité régnaient dans cette petite chapelle, dont la porte ouverte à deux battants laissait voir les étincelantes clartés de cierges innombrables. En ce moment, le saint sacrifice allait commencer. La cloche s'ébranlait dans son étroite tourelle, et faisait vibrer librement son timbre argentin et sonore. Un certain nombre de pèlerins, venus de divers pays, attendaient ce signal pour franchir le seuil du sanctuaire.

Benno et Brigitte s'avancèrent; à l'aspect du

saint lieu, ils se sentirent comme pénétrés d'un fluide céleste. Le pieux enivrement produit par l'encens qui fumait, le scintillement des lumières que répandaient les lampes et les cierges, l'éclat des pierres précieuses et le brillant reflet de l'or et de l'argent qu'on voyait partout dans le sanctuaire, tout contribuait à éblouir les yeux des fidèles.

Au centre de ces splendeurs, l'image miraculeuse, faite d'un bois grossièrement travaillé, dénuée d'ornements, et noircie par la fumée de l'encens, brillait par sa simplicité même. Les yeux des pèlerins étaient fixés exclusivement sur cet objet privé d'un éclat mondain (tant est grand le pouvoir de la foi!) et glissaient sur tous les autres sans les regarder.

La foule s'agenouilla ; le prêtre célébra le saint sacrifice de la messe et prit l'ostensoir. Les fidèles firent le signe de la croix et se frappèrent dévotement la poitrine, pendant que le clerc faisait tinter trois fois le son de sa clochette. Le prêtre alors prit la statuette sur l'autel et la pencha vers l'assistance qui étendit vers elle ses mains suppliantes. Les pèlerins qui étaient présents, et qui étaient venus pour diverses maladies, frottaient, avec la main qui avait touché la sainte image la partie malade de leur corps; ils en espéraient la guérison avec une entière confiance.

Le vieux pèlerin, se tournant alors vers le prêtre, lui dit d'une voix suppliante :

— Vénérable père, ayez pitié de ce malheureux enfant, qui est mon fils ! Un malin esprit tient sa langue enchaînée, au point de l'avoir rendu muet. Permettez que sa bouche fermée touche les saintes lèvres de la Vierge Marie et celles de son divin fils, afin qu'il soit délivré de cette triste infirmité !

Le prêtre jeta un regard sur l'enfant qui frissonnait de tous ses membres. Il lui fit signe d'approcher. Benno se plaça sur les marches de l'autel et se prosterna. Le ministre de Dieu

Benno se plaça sur les marches de l'autel et se prosterna.

pencha alors l'image, et Benno, avec une pieuse ferveur, toucha de sa bouche la bouche de Marie et celle de son divin fils. Il demeura ainsi pendant quelques secondes. Puis il se leva après avoir salué profondément, et rentra lentement dans la foule, qui avait gardé le plus complet silence pendant toute cette cérémonie. Lorsque l'enfant eut repris sa place, le père considéra son visage, comme pour l'interroger. Les assistants firent de même. Benno seul sembla ne le pas remarquer; la tête légèrement penchée, il priait du meilleur de son cœur.

C'était le moment des pieuses offrandes à la sainte image. Les dons opulents du riche et l'obole de la veuve vinrent grossir le trésor de la chapelle. Le vieux pèlerin, qui avait été l'orfévre Stammer, n'était pas venu les mains vides. Il déposa, sur l'autel de la sainte image, deux bracelets d'or artistement travaillés, les derniers débris de son ancienne fortune. Il fit ce don volontairement et avec plaisir, comptant avec confiance sur la volonté de Dieu pour le miracle si vivement désiré et qu'il attendait avec tant d'impatience.

Le prêtre sembla lire dans sa pensée, car, levant la main sur la tête du petit Benno pour le bénir, il dit d'un ton solennel :

— La sainte Mère de Dieu, Marie de Mariahilf, se montre secourable quand le temps et l'heure sont venus.

Les pèlerins recueillirent avec bonheur ces paroles. Alors le prêtre s'enquit avec bonté des particularités de leur voyage, leur demanda de quel pays ils venaient, et s'il leur était arrivé quelque chose de notable. Lorsqu'on lui raconta l'événement de la veille, il dit avec vivacité :

— A propos de mon cher frère Berthold, de Fribourg, dont vous venez de prononcer le nom, je me souviens que j'ai à lui envoyer une collection d'objets qui pourront augmenter beaucoup la connaissance qu'il a des secrets de la nature. Puisque vous retournez à Fribourg, voulez-vous bien avoir la bonté de vous charger d'un petit paquet que vous remettrez au frère Berthold Schwartz, au couvent des Franciscains?

Stammer (c'est le vieux pèlerin) s'empressa de répondre affirmativement.

— J'ai à écrire quelques lignes au frère Berthold, reprit le prêtre; il faut que je lui donne le détail des objets que je lui envoie. Pèlerin, savez-vous lire?

— Je n'ai garde, père vénéré, répondit l'orfévre; vous savez que cette science, si difficile à acquérir, n'est guère donnée aux laïques.

Le père s'absenta un moment pour écrire sa lettre, et, à son retour, il remit à Stammer le paquet qu'il avait accompagné d'une lettre ouverte. L'écriture des moines de cette époque est, même pour les gens les plus experts, difficile à déchiffrer. Les trois pèlerins admirèrent avec étonnement les caractères bizarres de cette lettre, qui étaient pour eux de mystérieux hiéroglyphes.

Après avoir détaché un morceau de chaux

du mur de la petite chapelle, et l'avoir serré dans leur poche comme un pieux souvenir de leur pèlerinage, Stammer et ses deux enfants se mirent en marche pour effectuer leur retour à la ville.

CHAPITRE SIXIÈME.

La rencontre redoutable.

Afin d'avoir encore le soleil en face, ainsi que la bonne vieille l'avait expressément recommandé, le père et les enfants durent prendre, pour revenir à la ville, un chemin différent de celui qu'ils avaient suivi le matin. Mais, ignorant la vraie direction à prendre, ils se seraient trouvés dans un grand embarras, si plusieurs pèlerins, qui faisaient les entendus à cet égard, ne se fussent chargés de les guider.

Stammer, tenant le miroir devant lui, ouvrait la marche. Il s'avançait d'un pas rapide dans le chemin sinueux. Il y avait à peu près une demi-heure que la petite caravane cheminait lorsque, du milieu d'un fourré sombre, on vit s'élever un nuage blanc. D'abord nos voyageurs étonnés tressaillirent de terreur, surtout lorsqu'ils arrivèrent à un endroit marécageux, couvert d'ossements blanchis, d'hommes et d'animaux. Alors ils s'arrêtèrent, se demandant avec effroi ce qu'il convenait de faire. Déjà ceux qui formaient l'avant-garde allaient continuer à marcher en avant, lorsque, à travers le fourré au-dessus duquel on avait vu s'élever le nuage blanc, apparut à leurs regards terrifiés le long cou, tout couvert d'écailles, de l'horrible dragon, ainsi que sa monstrueuse tête.

A cet aspect terrible, tous les pèlerins poussèrent un cri de détresse. Un effroyable mugissement du monstre, dont le gigantesque corps se montrait à présent tout entier, répondit à cette clameur du désespoir. Froids comme des cadavres, les pèlerins s'arrêtèrent paralysés par la frayeur. Ils restaient tous immobiles. Leurs yeux subissaient la mystérieuse fascination du dragon ; ils les tenaient fixés sur cet épouvantable produit de l'enfer.

Le dragon, de ses deux naseaux ouverts, lançait au loin le nuage blanc qu'on avait aperçu, ainsi que l'aurait fait une immense chaudière à vapeur. Son corps, d'un gris sombre comme celui d'un hideux crapaud, était en ce moment d'une grosseur dégoûtante, par suite du terrible festin de la veille. Sous son ventre, d'un blanc sale, se mouvaient quatre pattes courtes et fortes, dont les griffes étaient munies d'une membrane. Deux ailes, semblables aux ailes des chauve-souris, étaient attachées à ses flancs, mais elles étaient trop courtes heureusement pour porter à travers les airs la masse gigantesque du monstre. Le bruit que faisait en s'avançant cet immense reptile ressemblait à celui d'un coq d'Inde agitant ses ailes pour faire la roue. Son corps, d'un poids formidable, se terminait par une longue queue couverte d'écailles, qu'il pouvait, à son gré, rouler en anneaux autour de lui. Sa gueule, armée d'une double rangée de dents effroyables, et pourvue d'une langue sanguinolente, lançait dans les airs une haleine empestée.

Stammer, saisi de frayeur comme ses compagnons, avait failli laisser tomber le miroir de sa main tremblante. La pensée de ses enfants qui, plus morts que vifs, se pressaient à ses côtés, lui rendit le jugement et le sang-froid si nécessaires en ce moment.

Des sons inarticulés, plus forts que de coutume, s'échappaient de la bouche du petit Benno. Cet enfant avait une telle horreur du monstre, qu'on aurait cru, à la violence de ses mouvements, que le lien qui enchaînait sa langue allait se rompre. Brigitte, au contraire, entourait son père de ses deux bras mignons, comme si elle eût voulu le protéger contre les atteintes du dragon.

Stammer, devenu plus calme, jeta un regard sur le soleil et sur le ciel azuré. Puis il dirigea son miroir en conséquence. Les rayons réfractés du soleil tombèrent, comme d'éblouissants éclairs, sur le dragon qui s'était déjà avancé jusqu'au milieu d'une prairie voisine du chemin. Le monstre s'arrêta tout court et éternua violemment, en baissant la tête, avec un tel bruit que la terre en trembla aux environs. Toutes les fois que les yeux courroucés du dragon se portaient sur le miroir, cet éternument se répétait. A la fin ses yeux se fermèrent entièrement; son long cou se pencha en même temps que sa tête; sa queue s'enroula autour de son corps démesuré, comme pour le défendre, de sorte qu'on n'apercevait plus qu'une espèce de masse informe où l'on ne distinguait aucun membre. Le monstre poussa, en tombant, un mugissement profondément accentué par la douleur.

Les voyageurs, pendant cette lutte du miroir contre le monstre, avaient invoqué avec ferveur l'assistance de leurs saints patrons. Dès qu'ils virent cette inaction subite du dragon ils en profitèrent pour gagner au large. En précipitant leur marche, ils arrivèrent bientôt au passage souterrain taillé dans le roc, où le monstre eût vainement essayé de les assaillir.

Enfin, toujours courant, les pèlerins gagnèrent bientôt la plaine. Tous reconnurent qu'ils devaient leur salut au petit miroir, et la plupart d'entre eux ne pouvaient considérer cet objet sans un respect superstitieux.

Quand Stammer fut arrivé dans la ville, son premier soin fut de reporter le petit miroir à la vieille femme, et de lui manifester en même temps la plus vive reconnaissance. Mais le danger que lui avait fait encourir la rencontre du dragon l'avait distrait, pour le moment du moins, de l'objet principal du pèlerinage qui demeurait encore le secret de Dieu.

Arrivé à l'auberge, il apprit que la nouvelle de ce qui s'était passé l'avait précédé. On se racontait l'événement, mais, selon la coutume, avec les détails les plus exagérés et les plus absurdes. Les habitués de la maison, qui s'étaient réunis en grand nombre, donnèrent à peine au pèlerin le temps de respirer un peu et l'accablèrent de questions qui se croisaient les unes les autres. Ils étaient surtout contrariés que Stammer présentât ce qui était arrivé comme une chose toute naturelle.

— Remarquez bien ceci, dit l'hôtelier, quand le pèlerin eut achevé sa narration. Vous connaissez tous la vieille qui habite la petite maison de la rue de la Corderie, et qui a prêté hier le talisman au pèlerin?

— Certainement, répondirent plusieurs voix ; n'est-ce pas la mère Sibylle qui vient tous les jours chercher chez vous une demi-mesure de vin?

— Et de qui on n'a jamais su où elle prend l'argent pour le payer, ajouta un autre bavard.

— C'est ça même! continua l'hôtelier; n'avez-vous jamais remarqué qu'elle a deux cercles rouges autour des yeux?

— Par saint Crépin! dit vivement un cordonnier, compère, vous avez raison. Il y a une heure à peine qu'elle est venue dans ma boutique chercher ses vieux souliers, auxquels j'avais recousu de nouvelles semelles. J'ai pu voir les deux cercles très distinctement, quoiqu'elle eût eu soin d'enfoncer jusqu'au bas du front son mouchoir de tête.

— Eh bien! que voulez-vous conclure de cela? demanda Stammer.

— Que vous n'êtes pas chrétien, si vous ignorez que les cercles rouges autour des yeux, c'est le cachet de l'enfer, que le diable pose sur ceux qui ont fait un pacte avec lui, afin de ne pas se tromper de personne, lorsqu'il veut prendre sa proie!

— Pour ce qui est de la femme Sibylle, ma bienfaitrice, je ne croirai jamais cela, repartit le pèlerin. Pour qui prenez-vous donc le dragon?

pour une œuvre de Dieu, ou pour celle du diable?

— Je crois que c'est l'œuvre du démon, répondit le cordonnier.

— Soit! dit Stammer, mais alors si cette femme a empêché des pèlerins de devenir la proie du dragon, elle ne peut être regardée comme l'adepte du diable, mais bien plutôt comme son ennemi déclaré.....

— Je vous dis que la vieille est une sorcière, reprit l'obstiné cordonnier; la malice du diable n'est-elle pas inexplicable?

— Encore une fois, si cette femme était sorcière comme vous le dites, répliqua Stammer avec aigreur, elle commencerait certainement, et avant toutes choses, par faire disparaître de ses yeux les cercles rouges qui ont excité vos soupçons.

— Vous pourriez bien vous-même être sorcier, dit malicieusement le cordonnier, puisque vous prenez si chaudement la défense d'une sorcière.

— Vous devinez si bien, répondit le pèlerin en riant, que je vois clairement que vous n'êtes pas un maître sorcier.

Le cordonnier vexé murmura d'abord quelques menaces, et parla ensuite tout bas aux autres habitués de l'auberge, qui jetèrent des regards soupçonneux sur le pèlerin et ses enfants.

Bientôt Stammer sortit pour aller remplir la commission dont il s'était chargé pour le moine Berthold Schwartz.

CHAPITRE SEPTIÈME.

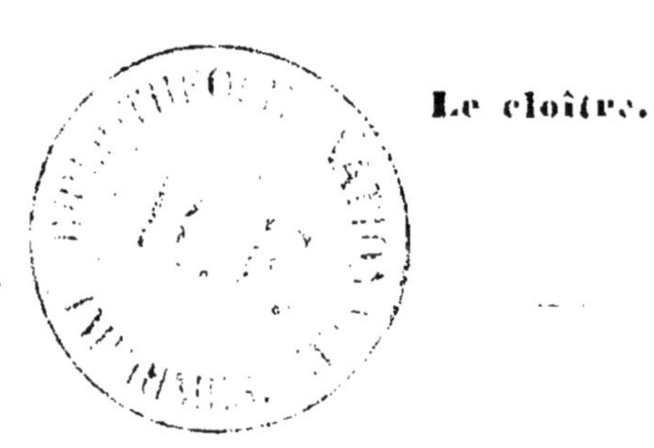

Le cloître.

Les pèlerins arrivèrent à la porte du couvent des Franciscains : c'était un édifice aux murs sombres et épais, aux fenêtres grillées et étroites. L'église attenait au cloître. Parvenus à la porte d'entrée, parfaitement gardée, Stammer sonna. Quelques secondes après arriva un frère lai qui ouvrit un guichet, et demanda aux étrangers d'une voix traînante ce qu'ils désiraient.

— Je désirerais, s'il est possible, répondit Stammer, parler au vénérable frère Berthold, auprès de qui je suis chargé de remplir une mission de la part du très vénérable père de Mariahilf.

Le guichet se referma. Au bout de quelque temps, on entendit un cliquetis de clefs, et un bruit de serrures qu'on ouvrait et de verroux qu'on tirait.

Alors une petite porte grinça sur ses gonds rouillés, et les pèlerins, passant sous une voûte sombre, franchirent l'entrée du couvent. Précédés par le frère portier, ils se trouvèrent tout aussitôt dans une longue et sombre galerie disposée en croix. Aucun bruit humain ne troublait le silence qui régnait sous les arcades mystérieuses du cloître, où tout respirait le sentiment de l'infini. On y voyait les images des saints vénérées placés dans leurs niches de pierre, ou des crucifix suspendus aux angles. Enfin, nos pèlerins atteignirent un escalier qui les conduisit au parloir, lequel était divisé en deux parties par une grille de fer.

Le parloir était solitaire en ce moment, et tout y respirait un recueillement tout à fait religieux. Le portier laissa là les pèlerins, et, peu après, parut à la grille la figure austère du moine, qui était entré, sans avoir été entendu, dans le parloir.

Frère Berthold était grand et pâle ; ses yeux, pleins d'intelligence, donnaient seuls de l'éclat à sa physionomie toute recueillie ; ses cheveux, noirs encore, quoique éclaircis par le travail de la méditation, attestaient qu'il était dans la force de l'âge ; sa bouche, habituée à la réserve et au silence du cloître, s'ouvrit imperceptiblement pour répondre à voix basse au salut respectueux des trois pèlerins.

Après avoir pris connaissance de la lettre que lui écrivait son confrère, frère Berthold adressa un bienveillant regard aux deux enfants.

— Cet enfant est votre fils muet? demanda-t-il

en étendant la main vers Benno. Mon frère de Mariahilf m'en parle avec intérêt.

Sur la réponse affirmative de Stammer, le docte franciscain continua :

— Je suis affligé de voir cet enfant perdu pour le monde. Pourquoi ne le voueriez-vous pas à la vie monastique? c'est un des chemins du ciel. Cette détermination ne pourrait que contribuer à son bien-être ; mêlé au bruit et au tourbillon du monde, il ne pourra que se trouver malheureux dans son isolement. Le calme du cloître, au contraire, conviendra bien mieux à sa triste situation, sans parler d'ailleurs de l'avantage qui en résultera pour son âme ; car en habitant la demeure du Seigneur, il sera mieux disposé à se préparer efficacement à mériter les récompenses éternelles.

Stammer gardait le silence en entendant les paroles du moine. Quant à Benno, il tenait modestement ses yeux baissés vers la terre, tandis que Brigitte l'entourait tendrement de ses deux bras, comme pour faire entendre qu'elle ne voulait pas se séparer de lui.

Le moine continua :

— Votre pauvreté ne sera point un obstacle à la réception de votre cher enfant dans notre monastère. Je ne suis pas sans influence dans le couvent; je m'engage à y faire admettre votre fils, en le présentant comme mon protégé.

En ce moment, Benno fixa sur son père un regard où se peignaient la douleur et l'anxiété. Le père comprit ce langage muet auquel il était accoutumé; il répondit aussitôt :

— Vénérable frère, votre proposition nous honore infiniment, et témoigne de l'intérêt que vous voulez bien nous porter; mais elle demande à être pesée, mûrement examinée. Veuillez m'accorder le temps de la réflexion, et recevez, en attendant, mes remerciements pour votre offre bienveillante.

Alors le moine prit congé des pèlerins en leur adressant quelques paroles affectueuses.

Tant que les murs du couvent furent à portée de leur vue, le père et les deux enfants n'osèrent pas échanger une seule parole. Mais, dès qu'ils se virent loin du monastère, Brigitte, avec une vivacité pleine de tendresse, se jeta au cou de son frère, et lui dit en sanglotant :

— Non, mon cher Benno ; tu ne nous quitteras pas pour entrer dans cette austère demeure ! Nous resterons ensemble, n'est-ce pas?

Benno regarda avec attendrissement d'abord sa sœur, puis son père qui marchait plongé dans ses réflexions. L'âme de Stammer, en ce moment, était en proie à une lutte pénible. Le désir d'assurer à son malheureux enfant une existence calme et à l'abri des préoccupations du siècle était combattu par la crainte d'influencer sa vocation ou de contraindre sa volonté. Un triste événement vint mettre fin à sa perplexité.

Une affluence considérable se portait de toutes les rues de la ville vers un couvent de religieuses.

— Où va donc cette foule? demanda Stammer à un passant.

— C'est une jeune religieuse qu'on va séquestrer de ses compagnes, répondit indolemment celui-ci.

— Et quel crime a-t elle donc commis? dit Stammer.

— Elle a violé son vœu, et s'est échappée du couvent.... mais on n'a pas tardé à la reprendre.

— Si elle ne se sentait aucun penchant pour la vie du cloître, pourquoi l'a-t-elle embrassée?

— Ah! répondit l'homme, sa volonté fut engagée dans une triste circonstance. Sa mère, étant en danger d'être dévorée par le dragon, fit, dans sa terreur, le vœu solennel de consacrer sa fille à la vie religieuse. Ce vœu produisit son effet; la mère fut sauvée; mais sa fille dut accomplir la promesse qu'elle avait faite.

En achevant de parler, l'homme entra dans

le couvent, où Stammer et ses enfants le suivirent.

Dans la première cour, ils trouvèrent beaucoup de gens du peuple qui se pressaient en foule devant la prison destinée à devenir le séjour de la religieuse condamnée, après qu'on l'aurait dépouillée de son habit claustrale. Elle devait y subir une clôture rigoureuse, sans communication avec le dehors, sauf une petite ouverture pour recevoir les aliments nécessaires à la vie. Deux maçons, munis de leurs marteaux et de leurs truelles, étaient là tout prêts à sceller solidement la porte de la cellule jusqu'au jour où l'expiation serait accomplie. Ces ouvriers, cet appareil, aussi bien que les pierres de taille qui se trouvaient à côté d'eux, étaient l'objet de la curiosité populaire. Le carillon des cloches appela la foule dans l'église. On se porta avec empressement du côté de l'autel, où la jeune infortunée devait être dépouillée de son voile et des vêtements religieux.

La foule était si grande que les pèlerins furent obligés de se tenir à une certaine distance. Les religieuses, vêtues de noir et marchant deux à deux, l'abbesse en tête, se rendirent à l'autel conduisant au milieu d'elles la sœur coupable : celle-ci tenait un mouchoir devant ses yeux, qui étaient tout noirs par suite de l'abondance des larmes qu'elle avait versées; elle pouvait à peine se tenir sur ses jambes.

La triste cérémonie commença par un chant plaintif et lugubre, suivi des prières prescrites par l'Église pour cette circonstance. On procéda ensuite au dépouillement de l'infortunée. On lui enleva pièce à pièce toutes les parties de son vêtement claustral, avec des formules qui témoignaient de son indignité; puis l'on vit, sous un habit séculier, la pauvre enfant qui pouvait avoir dix-neuf ans à peine.

Sa jeunesse et sa beauté excitaient un vif intérêt. Bientôt on lui administra des coups de verge sur la tête, sur les épaules et sur les reins;

puis on la repoussa de l'autel, et elle fut remise entre les mains des sœurs converses, qui eurent beaucoup de peine à conduire la pauvre enfant jusqu'à sa prison.

Pendant tout le cours de cette triste cérémonie, on ne remarqua pas dans la foule le moindre signe de sympathie. Le peuple semblait, au contraire, éprouver une maligne joie à ce triste spectacle. Un homme et une femme, étendus sur les dalles auprès de l'autel, faisaient seuls exception : ils poussaient des cris de douleur avec des sanglots convulsifs.

— Quelles sont ces deux personnes? demanda Stammer à son voisin en les désignant du doigt.

— Ce sont, répondit celui-ci, les parents de la religieuse répudiée.

Stammer se mit, par la pensée, à la place de ces malheureux parents. Il se représentait la douleur profonde de la mère qui avait amené son enfant à une si triste épreuve par son vœu inconsidéré. Il jeta un tendre regard sur son cher Benno, dont le visage portait l'empreinte d'une profonde terreur.

— Loin de moi, dit-il en lui-même, loin de moi la pensée que mon enfant entre jamais dans un cloître, sans bien comprendre l'importance de ce sacrifice!

Alors un sourd murmure s'éleva parmi les assistants, et ce bruit parvint jusqu'aux oreilles du pèlerin.

— Elle ne peut vivre longtemps dans ce cachot, disait-on; le chagrin ne tardera pas à la tuer.... Il vaut mieux la réserver pour le dragon.

— Pauvre créature! dit Stammer, touché de compassion; c'est un triste soulagement qu'on demande pour toi; car la mort par les dents du dragon est bien aussi terrible que les angoisses d'une lente agonie.

Ce brave homme était loin de se douter qu'il était menacé du même sort.

CHAPITRE HUITIÈME.

La sorcière.

Après un repos de deux jours, Stammer résolut de quitter la ville et de retourner dans son pays. Mais sur le point d'exécuter son projet, un événement imprévu vint y mettre obstacle.

La superstition qui régnait alors était si grande qu'on venait d'emprisonner la vieille Sibylle sur l'accusation vague de sorcellerie. On l'avait arrêtée dans son domicile, on l'avait garrottée comme une criminelle, et on se disposait à lui faire subir une épreuve qui devait décider de son innocence ou de sa culpabilité. Accompagnée des vociférations de la foule irritée, elle fut transportée sur les bords d'un lac, où une nacelle disposée à cet effet la reçut, et fut lancée loin de la rive. D'après la croyance admise par le vulgaire, que le diable ne laissait jamais une sorcière se noyer, on conduisit au milieu du lac la pauvre vieille, qui, malgré ses prières, ses lamentations et les protestations réitérées de son innocence, fut précipitée dans l'eau, les pieds et les mains attachés avec des cordes.

Les rives étaient bordées de curieux, qui, avec des yeux homicides, contemplaient cette horrible scène. Mais les flots semblèrent être plus compatissants que les hommes, car ils portèrent à leur surface la pauvre malheureuse, pendant une certaine distance, ce qui n'était dû sans doute qu'à la légèreté du corps grêle de la vieille, qui se trouvait soutenu par la masse des vêtements qui la couvraient. Mais à la fin, ses vêtements s'étant imbibés d'eau et ayant acquis plus de pesanteur, l'eau était sur le point de se fermer sur elle et d'étouffer pour toujours ses cris déchirants. Alors on tint pour suffisante cette première épreuve; elle fut retirée de l'eau, et l'on se prépara à la soumettre à une épreuve plus infamante, celle du feu. Mais, après délibération, on renonça à ce supplice pour réserver la sorcière à servir de pâture au dragon.

Le pèlerin, non sans indignation, avait assisté à l'épreuve par l'eau. La condamnation de sa bienfaitrice avait pénétré son cœur d'une douleur mortelle. Quoique élevé dans des temps d'ignorance et de cruauté, il entendait au dedans de lui une voix instinctive qui lui disait que la condamnation de la pauvre femme était une œuvre d'iniquité. Il y avait quelque chose de poignant pour lui dans cette pensée qui l'obsédait, qu'une pauvre créature qui l'avait préservé d'une fin terrible ainsi que ses enfants et une foule de pèlerins, dût elle même être exposée à cette mort qu'elle avait si généreusement fait éviter aux autres. Bien plus : il se regardait comme le meurtrier, involontaire sans doute, de la pauvre femme qui, sans son arrivée dans la ville, aurait certainement fini ses jours en paix. Mais il n'en avait pas moins causé son malheur. Dans la veille comme dans le sommeil, il avait sans cesse devant les yeux le spectacle de la malheureuse victime, que, se disait-il, il avait traînée à la mort.

Sous l'impression de cette douloureuse pensée, il résolut de différer son départ, et sortit de l'auberge, après avoir recommandé à ses enfants de ne pas bouger pendant son absence. Il venait de prendre la résolution de tenter la délivrance de la mère Sibylle.

Dans ce dessein, il examina avec la plus grande attention la façade et l'extérieur de la prison où languissaient, dans des cachots séparés, le juif, le marchand Job, la jeune religieuse, et la pauvre Sibylle. Dès qu'il fut certain de l'emplacement du cachot de la prétendue sorcière, il se mit aussitôt à l'ouvrage pour enlever les forts barreaux de fer qui étaient scellés dans l'embrasure de la fenêtre, et qui s'opposaient à toute évasion. En sa qualité d'habile orfévre, et familiarisé avec le maniement de la lime et du marteau, avec l'emploi de l'eau forte et de beaucoup d'autres procédés employés dans les arts, il eut bientôt triomphé de ce premier obstacle.

Pour assurer le succès de son entreprise, il avait choisi une nuit sombre, et pour écarter les soupçons qui auraient pu le faire découvrir, il avait coloré son absence de l'auberge du prétexte d'un petit voyage qu'il avait supposé nécessaire.

Tout marcha d'abord selon ses désirs. La grille de fer disparut de la fenêtre, dont l'ouverture offrit assez d'espace pour donner passage au corps maigre de la vieille Sibylle. Celle-ci passa donc en un instant d'une atmosphère humide et suffocante à l'air libre et vivifiant d'une belle nuit d'automne. Aussi Stammer eut-il toutes les peines du monde à mettre un terme à l'effusion de sa reconnaissance.

Stammer était heureux d'avoir réussi. Son cœur n'avait jamais éprouvé tant de bonheur. Il avait, au péril de ses jours, conservé ceux de sa généreuse bienfaitrice. A présent, sa dette était largement payée.

La vieille femme, dont les pieds s'étaient gonflés pendant son séjour dans l'humide prison, ne pouvait suivre que difficilement son libérateur. Celui-ci ne pouvait se résoudre à la quitter avant de l'avoir déposée en lieu sûr. Il résulta de cette circonstance que tous deux ensemble ils tombèrent entre les mains d'une patrouille qui les reconnut. Ils furent donc conduits l'un et l'autre dans la prison qui, en conséquence, se trouva pourvue d'une nouvelle recrue dans la personne du pèlerin.

Quand les habitués de l'auberge, réunis sur

Stammer délivre de la prison la vieille sybille

Lith. de Godard à Paris.

la place du marché, apprirent le lendemain matin la tentative nocturne de Stammer pour la délivrance de la mère Sibylle, ils ne manquèrent pas de dire que depuis longtemps ils avaient soupçonné dans le pèlerin un confrère de la sorcière, et montrèrent beaucoup de joie de son emprisonnement. On reporta alors sur les enfants la haine vouée au père, et les deux pauvres petits furent expulsés de l'auberge tout aussitôt.

Les enfants apprirent avec la plus grande consternation la nouvelle de l'incarcération de leur père. La physionomie toute bouleversée, ils s'élancèrent sur le chemin de la prison où leur père se trouvait sous les verroux. Mais ils eurent beau prier, supplier, implorer, la porte ne s'ouvrit point pour eux. Ils errèrent autour de l'édifice, s'arrêtant à chacune des fenêtres, dans l'espérance que Stammer entendrait leurs cris et leur répondrait.

— Mon père ! mon père ! s'écriait sans cesse Brigitte, dont la voix s'était tellement enrouée à force de crier, qu'elle ne pouvait plus former que des sons inintelligibles.

Les pierres auraient été touchées des cris de ces enfants innocents ; mais les geôliers s'y montrèrent insensibles. Brigitte essayait de grimper vers le haut de chaque fenêtre, et là elle appelait sans discontinuer :

— Mon père ! mon père !

Enfin, abîmée de désespoir et de douleur, elle tomba sur le pavé qu'elle arrosa des larmes qu'elle versait en abondance.

Le petit muet était dans une situation encore plus pénible. Au moins Brigitte pouvait donner librement l'essor à sa douleur. Celui qui souffre éprouve du soulagement s'il peut crier. Aussi la douleur muette est-elle la plus affreuse. Ainsi la figure du pauvre Benno ressemblait à celle d'un cadavre ; ses dents claquaient bruyamment les unes contre les autres ; ses petites jambes et ses pieds ne pouvaient plus porter le poids de son corps qui n'était cependant pas lourd. Pendant que sa sœur se fatiguait les poumons à crier, tandis qu'elle était tout à la fois trempée de sueur et baignée de larmes, un froid de marbre semblait avoir glacé ses membres. Ses yeux atones et fixes regardaient d'un air hébété les assistants. Sa langue travaillait en silence dans sa bouche, et cherchait à briser le lien qui la retenait, et qui l'empêchait d'exprimer le trouble de son âme. Mais, vains efforts! tout ce qu'il pouvait faire, c'était de proférer de temps en temps un cri confus qui se perdait avant d'être entendu.

Enfin le sentiment de l'importunité fit ce que celui de l'humanité méconnue n'avait pu faire. Fatigués de ces cris incessants, les voisins engagèrent les enfants à s'adresser au bourgmestre pour voir leur père, et leur indiquèrent la demeure de ce magistrat. Mais celui-ci n'eut garde de livrer son cœur endurci à la sensibilité.

Chaque bourgmestre s'était imposé cette règle: « Un magistrat ne doit pas écouter son cœur et ne doit consulter que son jugement. Le fatal dragon est d'une voracité terrible, mais nous devons tâcher de ne pas lui servir de proie. Il faut donc, dans notre prudence et dans notre sagesse, aviser aux moyens de pourvoir à sa nourriture. »

En conséquence, le bourgmestre, de peur de se laisser vaincre, ne voulut pas recevoir les enfants. Mais il les envoya au geôlier de la prison qui, incontestablement, devait connaître mieux que lui l'art des consolations dans un cas extrême.

Ces enfants, d'ailleurs, avaient droit à un asile jusqu'à ce qu'on eût pris des renseignements précis sur leur pays et leur famille. La prison était sans contredit le lieu le plus modeste et le plus économique qu'on pût choisir pour leur entretien. A cet égard, on ne pouvait que se féliciter de la prévoyante sagacité du bourgmestre.

En effet, le geôlier rassura momentanément

les deux enfants en les conduisant auprès de leur père.

Lorsque les petits entrèrent dans l'obscur cachot dans lequel on avait renfermé le pèlerin, leurs yeux furent si vivement frappés de la rapide transition de la lumière du grand jour aux ténèbres, qu'ils ne pouvaient rien distinguer. Si la voix de leur père ne leur eût bientôt indiqué la place de son cœur, il leur aurait fallu du temps pour découvrir le prisonnier tapi dans un coin sur quelques brins de paille humide et pourrie.

Tous trois, quand ils se virent réunis, oublièrent pour un moment l'horreur du lieu qui les renfermait. Ils ne sentaient, n'entendaient, ne voyaient rien qu'eux au monde. Ce fut alors seulement que la douleur de Benno se fit un passage. Il se pressait en sanglotant sur le sein de son père, en lui prodiguant les plus tendres caresses.

Tous ils jouissaient du bonheur de se trouver

ensemble comme après une longue séparation.

On s'attache avec d'autant plus d'affection aux êtres qu'on est menacé de perdre. Le père, comme les enfants, se trouvait dans cette situation.

CHAPITRE NEUVIÈME.

La caution.

Après que les enfants eurent donné un libre cours à leur joie, il y eut réaction : l'affliction reprit le dessus, et ils gémirent de l'état dans lequel ils retrouvaient leur père. Benno ne pouvait manifester ses sentiments que par ses gestes et ses larmes; mais Brigitte éclatait en plaintes bruyantes :

— Oh! mon Dieu! cher père, disait-elle, faut-il que tu sois enterré dans un pareil cachot?

Quel air infect on respire ici ! Quoi ! on t'a même mis des chaînes aux pieds et aux mains ! Avec cela, comment serait-il possible de dormir ?

— Ah ! on finit par s'y habituer, répondit le geôlier ; la plupart des prisonniers aimeraient bien mieux porter ces chaînes toute leur vie à la perspective d'être dévorés par le dragon.

— Comment ! s'écria Brigitte, demi-morte d'effroi ; mais c'est impossible : mon bon père ne peut être destiné au dragon !

Le geôlier haussa les épaules. Cependant ayant remarqué l'impression que son geste faisait sur les enfants, il s'empressa d'ajouter :

— Mais d'ici là on a le temps de la réflexion, et l'espérance se soutient avec le temps. Avant le printemps prochain, nous n'avons pas à craindre la visite du dragon. Jusque-là, les prisonniers peuvent être sans inquiétude. Dans l'intervalle, bien des choses peuvent changer, quoiqu'on ne puisse prévoir comment. Mais dès que l'hiver est passé, le dragon vient demander un copieux repas pour se dédommager de ses longs jeûnes et pour refaire sa panse devenue tout efflanquée. Alors notre bonne ville doit se mettre en frais pour le traiter convenablement ; et voilà pourquoi elle a soin de faire grande provision de chair humaine.

— Expliquez-moi donc cela plus clairement, dit Stammer.

— Voici, dit le geôlier ; avec les pèlerins et les troupeaux qui paissent dans les prairies, l'été procure assez de nourriture au monstre. Mais dès que la bise lui caresse les joues, il gagne son quartier d'hiver qui est ordinairement le fond du lac Grundel. Une fois blotti là, il dort pendant toute la saison des frimas. Mais dès que le soleil a assez de chaleur pour fondre la glace, il se lève, et le plus souvent sa première tournée est pour nous. Aussi avons-nous soin de lui préparer son repas.

A ces paroles Stammer devint pensif, et, après une petite pause, il demanda ;

— Quand doit avoir lieu mon interrogatoire?

— Votre interrogatoire ne sera que pour la forme, répondit le geôlier. Au surplus, vous pouvez être certain que votre sort est décidé, et je crois pouvoir vous conseiller de ne conserver aucun espoir.

Stammer espérait cependant encore. Lorsqu'on lui fit subir un interrogatoire, et qu'on lui eut lu son arrêt de mort, il demanda la faveur de rester libre jusqu'au printemps, afin d'aller à la recherche d'un expédient capable de délivrer la contrée de l'affreux dragon. Il proposait de laisser, en attendant, pour caution, ses deux jeunes enfants.

— Je ne puis, disait-il, vous donner une meilleure garantie qu'à l'époque convenue je reviendrai subir mon sort.

A cette proposition, le bourgmestre secoua d'abord la tête, à peu près négativement. Mais le moine Barthold Schwartz, qui assistait à l'interrogatoire, lui ayant dit quelques mots latins à l'oreille, il donna son consentement à Stammer.

— Mais songez-y bien, ajouta-t-il, si vous n'êtes pas fidèle à votre promesse, vos deux enfants seront impitoyablement sacrifiés au dragon.

— N'ayez point d'inquiétude à cet égard, répondit Stammer; au lieu de laisser périr mes enfants, j'aimerais mieux cent fois subir la mort moi-même. Ce n'est même qu'en leur considération que je vous ai demandé un congé.

— Eh bien! dit le bourgmestre, vous pouvez partir quand vous voudrez. Je vous félicite du courage que vous montrez pour une entreprise dans laquelle des centaines de personnes ont échoué. Si vous parveniez à réussir, non-seulement on vous accorderait la vie de tous les prisonniers condamnés; mais encore la ville vous décernerait une riche récompense.

Rassuré et plein de joie, Stammer retourna dans la prison auprès de Benno et de Brigitte, à qui il dit son projet et ses espérances pour l'avenir. Puis il fit les préparatifs de son départ, qu'il mit à exécution dès le lendemain, après avoir dit de tendres adieux à ses enfants qui ne pouvaient se consoler de le voir s'éloigner.

Son premier soin fut de se rendre au lac Grundel, qui était le séjour habituel du dragon pendant l'hiver.

— Peut-être, se disait-il chemin faisant, pourrait-on charger la surface du lac, lorsqu'elle est fortement gelée, de masses de rochers qui, au dégel, tomberaient sur le dragon et l'écraseraient; ou peut-être encore serait-il possible de construire avec de gros troncs d'arbres un fort échafaudage en pilotis sur le lac, sur lequel on ferait un amas de lourdes pierres, de manière que le dragon, ne pouvant soulever ce poids énorme, périrait suffoqué dessous ou mourrait de faim. — Enfin, continuait-il, ne pourrait-on border le rivage de longues pointes de fer, contre lesquelles le monstre viendrait se percer lui-même, en voulant passer outre?

Stammer s'étonnait que personne n'eût encore eu de pareilles idées, qui lui semblaient si naturelles et si praticables. Dans sa satisfaction, il en fit part au premier voyageur qui se rencontra sur son chemin. C'était par hasard le même vieux carrier dont il avait fait déjà la connaissance, comme on l'a vu au début de cette histoire.

— Mon cher pèlerin, répondit celui-ci, vous changerez de langage lorsque vous aurez vu le lac. Et, en supposant possible l'exécution de votre projet, votre entreprise échouerait devant l'inconstance des hommes. Des forces réunies peuvent beaucoup, même sur des choses considérées comme impossibles. Des forces combinées avec intelligence et union soumettraient facilement les brigands qui font la désolation de nos contrées, et feraient justice de l'horrible dragon. Mais les hommes s'entendent toujours

pour le mal, rarement pour le bien. Tout le monde ici gémit et maudit le monstre; mais personne n'a le courage d'agir contre lui; personne même n'y pense, à moins d'être personnellement menacé de sa dent cruelle. Il en sera toujours ainsi tant qu'on destinera de pauvres condamnés à assouvir la faim du monstre. Pour produire des forces et des actions d'ensemble, il faut des fléaux qui nous menacent tous également, et qui tuent nécessairement l'égoïsme.

Stammer s'éloigna en donnant pleinement raison au vieux carrier. Il reconnaissait, à son grand chagrin, la parfaite inanité des moyens qu'il avait imaginés. Néanmoins il poursuivit son œuvre d'une autre manière. Il alla de maison en maison, de bourg en bourg, de ville en ville, pressant les habitants de se réunir pour combattre le monstre, qui était l'ennemi commun.

Il rappelait les dommages que le dragon causait au pays chaque année. Il leur peignait le désespoir des victimes humaines qu'il fallait lui sacrifier ; il réclamait leur assistance en faisant appel à leurs sentiments chrétiens. Il leur montrait l'entreprise contre le dragon comme une véritable croisade, peut-être aussi méritoire qu'une croisade contre les Infidèles. Mais il prêchait à des sourds.

A la vérité, on approuvait ses paroles, on compatissait à ses malheurs, on faisait des vœux pour le succès de son entreprise. Mais là se bornait le zèle de tous : on ne faisait pas un seul pas pour la cause commune.

Alors les vues de Stammer se tournèrent du côté des membres des divers ordres de chevalerie qui existaient à cette époque, et il les exhorta à venir combattre le monstre. Mais on n'écouta point la prière d'un candide pèlerin, qui ne pouvait offrir pour récompense ni croix, ni chaînes d'or, ni rubans. Dans son désespoir, Stammer tenta de s'introduire dans les châteaux-forts des brigands. Il s'efforça de leur persuader qu'ils pouvaient par la destruction du dragon, effacer tous leurs méfaits, et faire oublier au peuple le souvenir de leurs brigandages. Cette hardiesse lui valut du côté du Spielberg une volée de coups de bâton ; et le Schreckenstein fit jeter dans un cachot le prêcheur de morale. Le malheureux languit dans cette prison, dévoré par le chagrin que lui causait le triste sort dont ses enfants étaient menacés.

CHAPITRE DIXIÈME.

L'alchimiste.

Après le départ de Stammer, Benno fut conduit de la prison dans le couvent des Franciscains, près du frère Berthold. Le moine vit avec contrariété que le petit muet fût encore sous le poids de la douleur que lui avait causée le départ de son père.

Il prit l'enfant avec lui et le conduisit dans sa cellule, où déjà un lit était préparé pour Benno.

Dans le dessein sans doute de gagner sa confiance et de le calmer, il s'empressa de lui offrir de quoi satisfaire son appétit, vivement excité par le régime de la prison. Pendant que l'enfant, profitant de l'invitation du moine, faisait honneur au frugal déjeuner, où le vin ne manquait pas cependant, il examinait des yeux l'étroite et modeste cellule du moine.

L'austère mobilier était peu propre à réjouir la vue du jeune novice. Une fenêtre garnie de grillages serrés laissait à peine passer assez de jour pour éclairer les murailles nues et sans aucun ornement. En face du lit du moine se trouvait une table grossièrement façonnée, sur laquelle étaient un crucifix, une tête de mort et un bréviaire. Au-dessus était suspendue à la cloison une discipline, dont les lanières étaient armées de pointes de fer aiguës. Un escabeau de bois montrait l'empreinte des genoux du moine, et attestaient, par deux cavités creusées à la longue, combien ses prières devaient être longues et assidues. Telle était la nouvelle demeure du jeune Benno, qui jusqu'ici n'avait eu pour séjour que des lieux toujours ouverts, où il menait une existence libre et pleine de vie. Ici, au contraire, séparé des siens, de ceux qu'il aimait le plus au monde, combien l'enfant allait trouver le temps triste et ennuyeux! Dans une pareille position, combien ne sent-on pas les heures s'écouler agréablement en la compagnie d'un beau livre! Mais, à cette époque, les grandes personnes, et encore plus les enfants, étaient privés de cette consolante joie. Le monde ne possédait alors que bien peu de livres manuscrits; l'art de la lecture était regardé comme une langue fort difficile à acquérir, et qui semblait être l'apanage exclusif de quelques hommes privilégiés.

Pendant que Benno savourait l'ordinaire du cénobite, le moine se promenait à pas lents dans la cellule, s'arrêtant par intervalles devant l'enfant et plongeant sur sa physionomie un profond regard.

Enfin, il l'emmena avec lui hors de sa cellule, lui fit traverser une longue galerie, et le conduisit dans un petit cabinet voûté, où l'on voyait des fourneaux et une cheminée, et qui primitivement avait servi de cuisine. A présent, il ressemblait au laboratoire d'un chimiste, puisqu'il offrait tous les instruments et ustensiles qu'on trouve ordinairement dans ces officines. Près des murs noircis par la fumée, se trouvaient sur des étagères toute sorte de vaisselle, des bouteilles, des cruches, des boîtes, des caisses, des sacs, et autres objets semblables. Dans des compartiments placés au-dessous étaient disposés en ordre des espèces variées de métaux, des terres diverses, des couleurs, des bocaux, des creusets, des alambics, des mortiers, et cent autres objets qui étaient autant de mystères pour le jeune muet. Dans un coin du cabinet, il y avait un monceau de charbon, et tout auprès un énorme mortier sur un support en bois. Près du foyer, au-dessous du manteau de la cheminée, reposait un vaste soufflet pareil à ceux qu'on voit dans les forges. Enfin toute la pièce était tellement encombrée d'ustensiles, qu'on ne savait où poser le pied pour y marcher sans renverser ou casser quelque chose.

Le moine semblait se trouver là aussi heureux que le canard dans une pièce d'eau. Quand il était dans son petit laboratoire, il se sentait dans son élément. Ses traits, assombris par la méditation, se transfiguraient alors pour ainsi dire. En y entrant, son œil sembla s'allumer d'un feu plus vif; un sourire de satisfaction erra sur ses lèvres jusque-là fermées.

D'abord Berthold regarda avec soin si la grosse porte en fer était bien fermée. Puis, parlant sans contrainte, il dit avec un élan plein de joie :

— Enfin je puis donc communiquer mes pensées à un être intelligent et sensible sans avoir la crainte d'être trahi. Cette poitrine n'a plus besoin de renfermer en elle-même ce qui ferait un poids pour mille autres poitrines. Désormais ces murs ne seront plus les uniques confidents de mes secrets, de mes espérances, de mes soupirs. Cet enfant, jeune et privé du don de la parole, m'aidera à supporter mon lourd fardeau, et me fera trouver un nouveau charme dans cette solitude. Depuis bien longtemps, mon âme désirait rencontrer un compagnon tel que toi, muet, et pour ce motif, fidèle comme l'ombre attachée à mes pas, Benno, tu m'es un joyau précieux dont la valeur n'est surpassée que par celle de la pierre philosophale. Et quand j'aurai découvert ce grand secret, alors je serai bien sûr que mon nom ne périra pas. Alors les têtes couronnées applaudiront à mon œuvre. Ah ! comme des flots de peuples se presseront innombrables autour de ce pauvre moine, dont le génie aura reculé les bornes de la science. Je serai honoré à l'égal du successeur de saint Pierre ; sa bouche dispense la vie morale, comme moi, je donnerai la vie matérielle. Moi, je répandrai à pleines mains l'or, lien des nations, l'or que ma science aura créé et fait sortir d'une poussière vile et sans valeur. Aucun pouvoir de ce monde ne pourra m'arracher le précieux secret. Je le confierai à toi seul, cher et discret enfant, ce précieux secret, objet des recherches de toute ma vie. Ne me regarde pas avec cet air inquiet. Je t'aime comme je n'ai jamais aimé aucun homme, parce que tous les hommes sont trompeurs. Je veux t'enrichir au point que tu pourras fouiller dans l'or comme l'abeille dans le calice des fleurs.

La bouche du moine si réservée ordinairement s'ouvrait maintenant pour épancher les sentiments intimes de son cœur, dont les ambitieuses aspirations étaient inexplicables pour le pauvre Benno tout entier à son chagrin.

Bientôt cependant l'enfant devint plus qu'un simple auditeur. Ce jour même, le moine commença en sa présence ses expériences pour la fabrication de l'or, et Benno dut lui prêter son concours. Le soin du feu, le soufflet et le pilon furent confiés à sa vigilance.

Les recherches du moine étaient incessantes; elles ne rebutaient jamais sa patience. Semblable à l'avare dont l'avidité s'accroît à mesure qu'il voit son trésor s'augmenter, Berthold, poursuivi par une idée fixe, cherchait, cherchait toujours; toute tentative infructueuse aiguillonnait son ardeur au lieu de l'amortir. Il mêlait ensemble les produits les plus hétérogènes des trois règnes de la nature, et s'efforçait ensuite de liquéfier ce mélange au moyen d'un feu très ardent. Sa robe noire, son visage pâle, ses mains, reflétant les flammes du fourneau, semblaient tout en feu. Debout, près du foyer, il tenait un œil étincelant fixé sur le creuset aussi embrasé que le charbon dont il était entouré. Parfois le moine, au milieu du plus profond silence, adressait à l'enfant des paroles d'encouragement et lui promettait de l'or. Mais celui-ci continuait machinalement sa tâche de souffleur, et plongé dans

Debout près du foyer, le moine tenait un œil étincelant fixé sur le creuset embrasé

ses réflexions, regardait fixement devant lui. Toutes les promesses du monde ne pouvaient dissiper sa tristesse. Que lui importait cet or méprisable qui ne pouvait lui rendre son père et sa sœur, qui était impuissant à briser le lien qui tenait sa langue enchaînée? Combien il aurait préféré être pauvre et avoir sa liberté, ses chers parents, et jouir de la parole!

L'été s'écoula ainsi; l'automne avait dépouillé les arbres, et la nature perdu tous ses ornements. Un vent impétueux sifflait dans les corridors du cloître et faisait trembler les vitres aux fenêtres des cellules. Bientôt des flocons de neige, compagnons du triste hiver, tombèrent en tourbillonnant sur la terre et couvrirent la campagne d'un linceul funèbre. La lune, rayonnant à travers les plaines scintillantes, répandait sa lumière dépourvue de chaleur. Benno, en considérant la lune, enviait son sort, comme il avait envié celui du vent d'automne; car, se disait-il, la lune peut voir mon père, et le vent peut le caresser; tandis que moi.....

Lorsque, la nuit, il était couché sans dormir, et que la lune descendait dans sa cellule, il la chargeait mentalement de transmettre ses tendres salutations à l'auteur de ses jours. Silencieux sur son lit, il versait des larmes abondantes, pendant qu'auprès de lui le moine goûtait les douceurs d'un profond sommeil.

Benno n'était plus cet enfant au teint fleuri comme autrefois. L'air sombre et étouffé du cloître, la vapeur malsaine et engourdissante du charbon, les émanations délétères du mortier lorsqu'il pilait diverses substances, mais par-dessus tout le chagrin dont son cœur était dévoré, avaient miné sa santé et pâli ses joues à l'égal de celles du moine.

Cependant l'hiver s'avançait, et le père ne revenait pas. Au fond, Benno en était enchanté. Du moins, il pourrait mourir pour son père chéri. Il lui eût été pourtant bien doux de l'embrasser avant de mourir! A quoi serait-il avancé de traîner une existence sans bonheur et sans joie?

Berthold interprétait à faux la tristesse de son jeune compagnon. Il s'imaginait que l'enfant tremblait pour sa vie, parce que son père tardait beaucoup à revenir.

— Ne crains rien, disait-il à Benno, le dragon ne te mangera pas. Berthold Schwartz ne le veut pas. Tu vivras, la ville entière dût-elle périr!

A ces consolantes paroles, Benno inclinait doucement sa tête, et mettait la main sur son cœur, comme pour montrer le signe de son mal.

CHAPITRE ONZIÈME.

Brigitte.

Pendant ce temps-là la sœur du petit Benno, retenue près du geôlier de la prison, passait sa vie sans être astreinte aux règlements observés pour les autres prisonniers. Il ne lui était pas permis, il est vrai, de franchir le seuil du bâtiment de la prison; mais, dans l'intérieur, elle était libre d'aller partout. Elle avait mérité cette faveur par une conduite modeste et polie envers le geôlier et sa famille. Sans qu'on lui en donnât la commission, elle prenait soin de l'enfant de la geôlière, l'endormait en le berçant, lui donnait à manger, et parvenait souvent, par ses jeux, à changer ses pleurs en cris de joie.

Brigitte, propre et soigneuse, balayait tous les coins et recoins de la prison, enlevait toutes les ordures qu'elle trouvait, afin d'éviter l'humidité malsaine qu'elles engendrent toujours. Par son activité et son obéissance, elle acquit les bonnes grâces de celui qu'elle regardait comme son maître, au point qu'il lui fut permis de visiter les prisonniers condamnés à mort; ce qui lui procura plus d'une fois l'occasion d'exercer l'ardente charité dont son cœur était rempli.

Le premier qu'elle voulut visiter fut le malheureux marchand Job. Portant d'une main une lampe allumée, et de l'autre un pain et une cruche remplie d'eau, elle entra un jour dans le sombre cachot du pauvre marchand pour lui remettre sa ration journalière. Le salut amical qu'elle avait déjà sur les lèvres expira dans sa bouche, suffoquée qu'elle fut par une odeur nauséabonde qui faillit la faire évanouir. Ce ne fut qu'à grand'peine qu'elle parvint à triompher de son dégoût qui la portait à rétrograder. Quand elle eut déposé son fardeau, elle se hâta d'aller chercher une poignée de baies de genièvre et de les rapporter sur une pelle chargée de braise allumée. L'odeur suave qui se répandit dans le cachot en eut bientôt chassé les miasmes infects. Alors Brigitte adressa la parole au prisonnier qui était couché sur la paille.

— Mon brave homme, lui dit-elle, votre paille est bien humide! Laissez-moi la porter dans la cour pour la faire sécher au soleil. Je craindrais pour votre santé la continuation d'une pareille litière.

Job immobile ne répondait rien. Alors Brigitte s'approcha et lui dit d'un air de compassion :

— Cet anneau de fer doit vous blesser! attendez; j'ai un vieux fichu dont je puis me passer; je vais l'appliquer dans les endroits où cet anneau vous meurtrit la chair.

— Arrière! s'écria Job d'une voix terrible, lorsque Brigitte s'approcha de lui pour le soulager. Arrière! vous n'êtes tous que des diables qui voulez me tourmenter!

Brigitte tressaillit à cette réponse inattendue.

— Mon cher monsieur Job, répondit-elle doucement, lorsqu'elle fut remise de son trouble, regardez-moi bien, vous reconnaîtrez la petite pèlerine qui vous trouva dans la forêt tout ensanglanté et sans connaissance.

Job ouvrit de grands yeux et regarda pendant quelques minutes la jeune fille d'un air ébaubi. Puis il dit d'un ton radouci :

— Tiens! c'est toi, petite? Je ne t'aurais pas reconnue. Que fais-tu donc ici?

— Je viens tout simplement vous offrir mes petits services, quoique je sois moi-même prisonnière, répondit Brigitte.

— Tu peux t'épargner cette peine, reprit Job avec un rire amer. Que le dragon me mange gras ou maigre, bien portant ou malade, la chose, au bout du compte, m'est fort indifférente. J'aimerais bien mieux déjouer les projets de ce coquin de bourgmestre, en mourant avant l'arrivée du monstre.

— Ne parlez pas de la sorte, répondit Brigitte. Voyez ; mon père a été condamné à subir le même sort que vous, mais il a obtenu d'être libre jusqu'au printemps. Il est à la recherche d'un moyen de tuer ce vilain dragon. En attendant, il a dû nous laisser, mon frère et moi, comme caution de son retour. S'il ne revenait pas à l'époque fixée, nous serions dévorés à sa place ; c'est convenu. Mais je n'ai pas perdu toute espérance ; j'ai confiance dans le bon Dieu et dans la Vierge céleste de Mariahilf. Ils guideront et protègeront mon père, pour qu'il parvienne à exterminer de la terre le méchant dragon. Tous les condamnés à mort se trouveront libres alors, et vous avec eux.

Job fit un ricanement terrible.

— Ah! pauvre petite, je te plains, si tu attends fermement le retour de ton père. Je ne crois pas qu'il revienne. Il a été bien heureux celui-là qu'on l'ait laissé partir. Il ne sera pas si fou que de revenir. Tu ne m'apprendras pas à connaître les hommes, peut-être!

— Avez-vous des enfants, monsieur? demanda Brigitte d'en ton piqué. Non, sans doute, car vous parlez comme un homme qui n'en a pas, qui n'en a jamais eu. Autrement vous ne feriez pas injure à mon père en doutant de sa bonne foi et de sa tendresse pour nous. Il nous aime plus que sa vie, et je suis sûre qu'il reviendra, dût-il n'avoir eu que de mauvaises chances dans son entreprise.

— Eh bien! répondit Job, nous verrons qui de toi ou de moi aura raison.

Job avait contracté le défaut de la méfiance par suite de la double infortuue qu'il avait essuyée. Aussi la jeune fille eut-elle beaucoup de peine à le guérir de ce mal. Elle y parvint cependant en réitérant ses efforts. Le pauvre marchand reprit goût à la vie. Il devint d'une humeur plus traitable, et riait même quelquefois des plaisantes saillies de Brigitte.

Cette dernière hésitait à accorder son assistance au Juif prisonnier. Dans ces temps reculés, les Juifs avaient une si mauvaise réputation que les enfants prenaient la fuite rien qu'à entendre prononcer leur nom. Ici on les accusait d'avoir empoisonné les sources; là on leur imputait d'autres crimes horribles, comme d'avoir fait mourir des enfants chrétiens, d'avoir maudit le Sauveur, ou d'avoir percé à coups d'aiguille une hostie consacrée. Il était rare qu'on ne leur attribuât pas tous les fléaux publics, toutes les grandes calamités. Brigitte ne pouvait se soustraire à l'influence de ces préjugés contre les Juifs; il n'est donc pas étonnant qu'elle éprouvât de la répugnance à former des relations avec eux. Toutefois, comme son père avait proclamé l'innocence du Juif trouvé dans le puits, et que le marchand Job l'avait aussi reconnue, elle finit par triompher de ses scrupules.

Le Juif, qui se nommait Élie, resta saisi d'étonnement des offres de service de Brigitte. Cédant avec empressement à l'obligeance de la jeune fille, il lui laissa prendre la paille qui lui servait de lit. Puis elle rendit ses chaînes moins gênantes, nettoya le cachot et y mit du sable fin et sec. Les yeux pénétrants d'Élie suivaient tous les mouvements de l'enfant; mais sa bouche restait close. Ce ne fut qu'après avoir expérimenté plusieurs mois l'active et prévenante charité de Brigitte qu'il rompit le silence.

— Ma fille, lui dit-il d'une voix émue, tu as eu le don d'amollir mon cœur, comme la cire s'amollit au soleil. Il était devenu dur comme les pierres de ma prison. Tu as été pour moi le soleil dont les rayons ont réchauffé mon âme glacée! Toi, chrétienne!... Tu m'as rendu chère la croyance à Dieu, le Père céleste, de telle

Le juif se leva et mit ses mains au-dessus de la tête de la jeune fille.

sorte que je ne veux plus blasphémer son saint nom pour tous les maux dont sa colère m'a frappé. La bénédiction d'un pauvre prisonnier dans les fers pourra bien te porter aussi bonheur. Ne t'offense donc pas si j'invoque en ce moment nos saints patriarches qui furent aussi les ancêtres du crucifié.

Alors se levant avec un grand bruit de chaînes, et plaçant ses mains au-dessus de la tête de la jeune fille, il dit d'une voix solennelle :

— Que la bénédiction de notre père Jacob, celle qu'il a donnée à ses petits-fils Ephraïm et Manassé, repose doublement sur toi ! Fleuris comme une rose de la vallée de Jéricho ! que sous tes pas l'olivier prospère, ainsi que le cep de vigne, afin que par toi le sol devienne fertile et abondant ! Que les portes de tes ennemis s'écroulent, que tes ennemis mêmes viennent ramper à tes pieds comme du temps de Judith et d'Esther ! Tu rafraîchiras les yeux fatigués de ton père ! tu feras bondir de joie le cœur de ta mère! tes frères te célébreront! tes sœurs te porteront envie! tes fils et petits-fils te féliciteront de ton bonheur! Tels sont les vœux de mon cœur!

Brigitte avait écouté avec recueillement la prière du Juif Élie. Mais elle ne put jamais s'imaginer que jamais son frère muet pût chanter ses louanges. Sans se faire une idée nette de la portée des paroles du prisonnier, elle quitta le cachot avec un sentiment de douceur ineffable, c'est-à-dire avec un naïf contentement d'elle-même.

On peut aisément conjecturer que si Brigitte donnait des soins aux prisonniers, elle n'oubliait pas pour cela les prisonnières, d'autant plus que naturellement ses préférences se portaient vers elles. Brigitte leur avait donc montré la sollicitude la plus empressée.

La vieille Sibylle, et Clara la religieuse, la saluèrent comme un ange de consolation envoyé du ciel pour les secourir. Elle se soulagèrent en se plaignant de leur infortune. Cela leur fit oublier un moment leur détresse. Comme les pauvres prisonnières souffraient surtout de leur étroite prison et que leur santé en était affectée d'une manière funeste, Brigitte, par ses caresses, obtint du geôlier qu'elles pourraient tous les jours se promener pendant une heure dans la cour de la prison. Cette permission eut pour les deux femmes les conséquences les plus salutaires. Toutes les deux reprirent une nouvelle vie. La pauvre Sibylle, obligée de se contenter maintenant d'une chétive nourriture et du régime de l'eau, guérit peu à peu de son inflammation d'yeux, qui provenait de l'âcreté du sang; et Clara, malgré sa frêle complexion, se remit à vue d'œil.

Le dévouement charitable de Brigitte exerça sur le cœur du geôlier une heureuse influence, qui avait quelque chose de miraculeux. L'affection qu'il avait conçue peu à peu pour l'excellente enfant le rendit plus compatissant pour les autres prisonniers, qui reconnurent avec une grande joie cet heureux changement de son humeur.

Après l'hiver, quand le temps de la visite du dragon s'approchait de jour en jour, le geôlier adressa quelques paroles à sa protégée pour la consoler du retard de son père.

— Sois sans inquiétude, mon enfant, lui disait-il, quand même ton père ne reviendrait pas ici, le dragon ne le dévorera pas. Avant que tu sois exposée à ce malheur, la fille elle-même de monsieur le bourgmestre aura subi ce sort cruel.

Mais ces paroles, au lieu de la réjouir, remplissaient toujours Brigitte de tristesse. Elles lui rappelaient le souvenir d'un père et d'un frère chéri, et lui faisaient craindre l'isolement de ce bon père s'ils venaient à lui manquer pour toujours.

Qui pourrait décrire l'horrible situation du malheureux Stammer, pour qui chaque jour passé dans son odieuse prison devenait une éternité? Il était sur le point de perdre la raison lorsqu'il considérait que son retard exposait ses chers enfants à la plus affreuse mort. Prières ferventes, larmes, gémissements, transports de rage et de désespoir, rien ne pouvait toucher les brigands qui le retenaient captif et qui n'accueillaient qu'en ricanant sa demande réitérée. Si la terre n'est souvent pour les mortels qu'une vallée de misère, ce sont les hommes pervers qui l'ont faite ainsi ; il ne faut donc point en accuser le Père céleste qui veut rendre heureuses toutes ses créatures.

CHAPITRE DOUZIÈME.

Le bonheur par le malheur.

L'hiver avait été long et rigoureux, mais enfin les rayons du soleil avaient assez de chaleur pour fondre les glaces qui couvraient la terre. Ils aspiraient avec avidité les neiges des vallons et des plaines, de manière que les brins d'herbe et les blés, longtemps emprisonnés sous leur enveloppe, pussent montrer leurs touffes joyeuses. La gelée, convertie en cristal, comme pour attester le froid empire de l'hiver, tombait enfin des toits en gouttelettes d'eau. Des perce-neige, des colchiques, des violettes et des pâquerettes fleurissaient au milieu de la jeune verdure, souriant aux travaux du jardinier et du campagnard laborieux. Les jacinthes et les tulipes ouvraient leurs calices comme pour inviter les passants à rendre hommage à leur beauté splendide et à leurs parfums balsamiques. Les arbres voyaient éclore leur feuillage et dépouillaient leur vêtement de deuil de l'hiver. Les moineaux faisaient entendre sur les maisons hospitalières leurs gais gazouillements, et l'alouette lançait dans les champs de l'air les joyeuses fusées de son chant aimé du laboureur. D'énormes avalanches descendaient du sommet des montagnes, et les eaux se précipitaient dans les vallées avec un fracas assourdissant.

Cependant les rayons du soleil n'avaient pu parvenir encore à fondre l'épaisse couverture de glace qui s'étendait sur toute la surface du lac de Grundel. Cet état de choses prolongeait la captivité du dragon et permettait aux habitants de la ville de jouir sans inquiétude du réveil de la nature. Un homme avait été préposé à la garde de ses rives, avec mission expresse d'aller jeter le cri d'alarme à la ville, aussitôt que la rupture des glaces donnerait lieu d'appréhender la prochaine visite du monstre.

Mais pour le pauvre Benno la nature était toujours à l'état de sommeil. Pendant qu'elle se parait d'une nouvelle jeunesse, le pauvre enfant dépérissait à vue d'œil. Tandis qu'elle célébrait partout sa renaissance à la vie, l'infortuné avançait rapidement vers la mort.

« La Mère très honorée de Dieu, avait dit le prêtre de la chapelle de Mariahilf, accorde toujours son assistance quand le temps et l'heure sont venus. » Oui, le temps et l'heure semblaient devoir bientôt arriver, où les lèvres de Benno, muettes jusqu'ici, devaient s'ouvrir pour entonner un *alleluia* éternel en l'honneur de l'Enfant divin et de son auguste Mère. L'heure de la délivrance allait sonner pour lui, peut-être pour le convier à venir dans ces champs fortunés du ciel où des chérubins et des séraphins font entendre perpétuellement en chœur : Saint ! saint ! saint !

La vie du cloître, qui est rude et pénible pour de grandes personnes en général, était d'une influence mortelle pour Benno. Ses joues étaient hâves et creusées par la maigreur; son œil plombé semblait enfoncé dans son orbite, et les regards qu'il projetait étaient froids et tristes. Ses membres amaigris, immobiles et sans souplesse, paraissaient frappés d'une sorte de paralysie. Il fallait donc appliquer à la vie céleste la promesse mystérieuse sortie de la bouche du prêtre de Mariahilf. Il était impossible de l'expliquer d'une autre manière.

Le moine Berthold Schwartz poursuivait toujours sa chimère du grand œuvre. Mais les matières de toute espèce qu'il avait ramassées pendant l'été, ou qu'il tenait de la curieuse complaisance de quelques amis, s'étaient consumées sans le moindre résultat favorable. Il attendait donc avec un désir impatient le retour du printemps pour se procurer de nouvelles provisions et se remettre à la recherche de la pierre philosophale.

Un jour que le moine fouillait dans les vases, vides pour la plupart, de son laboratoire, cherchant à découvrir quelque chose qu'il aurait pu ne pas expérimenter jusque-là, ses regards tombèrent sur le papier qui contenait le prétendu poison du Juif Élie. On le lui avait remis pour l'examiner; mais n'ayant pu en faire l'analyse faute de réactifs suffisants, il l'avait négligé et mis de côté comme substance dangereuse. En ce moment, c'était donc avec une grande joie qu'il le retrouvait.

— Qui peut savoir, dit-il au petit muet, qui peut savoir quelle puissance mystérieuse est cachée dans ce cristal incolore et amer? Les Juifs, eux aussi, apprécient l'or comme une puissance; c'est pourquoi ils ont autant d'ardeur que nous à chercher la pierre philosophale. Le Juif aurait-il porté sur lui une chose de si peu de valeur en apparence, si elle n'avait dû servir à la transmutation des métaux? — Allons, Benno, mon cher enfant, vite à l'ouvrage! Pile, réduis en poudre dans le grand mortier ce paquet que le rusé Israélite a voulu faire passer pour du simple salpêtre. Ah! si ce cristal diaphane et brillant pouvait prendre la couleur jaune foncé! s'il pouvait acquérir le poids de l'or!... Tiens! vois comme l'intérieur du mortier se remplit d'une blancheur étincelante! Va, mets dans le mortier ce morceau de soufre jaune, et mêle bien le tout ensemble! — As-tu fait ce que je t'ai prescrit, mon enfant? Très bien... mais il me semble que le mélange est encore trop jaune pour ressembler à l'or..... Essayons... Il faut ajouter à cet amalgame quelque matière qui puisse lui donner un éclat plus resplendissant. C'est ce charbon qu'il faut mettre à présent dans le mortier. Regretterais-tu de ternir ce jaune si limpide en y mêlant une poussière noire? Va, va toujours, ne t'inquiète pas de cela. Le charbon, qui te semble peut-être bien insignifiant, a la propriété de dépouiller les métaux de leur alliage impur. Leur couleur sombre se change au feu en un rouge ardent. C'est ainsi que se combinent plus intimement les différents éléments dont les alliages sont composés.

Benno, le pilon en main, broyait, broyait toujours sans faire attention, comme on le pense bien, aux savantes théories du moine, aux discours de qui il était accoutumé. Celui-ci continua son monologue :

— Il était temps que l'hiver prît fin; voilà toute ma provision de charbon consommée, et l'on ne peut guère faire de bonne braise avec du bois humide. Comme cela pétille! quelle ravissante flamme! Ah! je ne me sens pas de joie à la vue de ces charbons qui commencent à blanchir! Vois comme ces étincelles tourbillonnent sans faire de fumée ! Enfin voilà le feu qui brûle comme je le désirais et comme il me le faut !... As-tu fini, mon enfant?

Le fourneau brillait d'une flamme ardente qui répandait une vive clarté dans tout le laboratoire. C'était cela qui causait les transports de Berthold. Bientôt il quitta le fourneau pour s'approcher du mortier, regardant avec des yeux étranges tantôt la matière pilée, tantôt l'enfant qui se tenait là, le regard baissé.

Une révolution soudaine se peignit alors dans les traits de Berthold. Sans dire un mot, et sans que l'enfant en fît la remarque, il prit un grand couteau bien affilé et s'avança vers Benno, tout stupéfait d'une pareille démonstration.

— Mon cher et doux enfant, lui dit le moine d'une voix presque suppliante, cette opération réussirait pleinement, j'en suis sûr, si je pouvais mêler au soufre, si blafard de sa nature, un peu de ton sang beau et rosé. Laisse-moi t'en tirer quelques gouttes, rien que quelques gouttes de ton sang juvénile, et tu recevras la plus riche récompense.

A la vue du couteau levé sur lui, Benno tressaillit ; il regarda les yeux du moine, qui brillaient comme les prunelles d'une bête fauve. Mû par le sentiment instinctif de la conservation, il recula épouvanté, en mettant ses mains en avant pour se défendre. Puis un cri aigu sortit de sa bouche. Poursuivi par le moine, que la résistance exaltait, il courait autour du mortier, dans l'étroit espace du laboratoire. Comme la porte était fermée comme à l'ordinaire, et que les forces de la frêle créature ne devaient pas tarder à être épuisées, Berthold, dominé par l'hallucination que lui causait une science téméraire, se crut au moment suprême d'arracher à la nature un de ses secrets... Déjà il tenait un des bras de sa victime... Au moment où il relevait la manche de l'habit pour introduire le couteau dans la chair de l'enfant, le feu du foyer lança un long jet d'étincelles, dont une tomba dans le grand mortier.

Tout à coup un torrent de feu jaillit avec force et avec le bruit de la foudre du sein du terrible mélange. L'énorme pilon fut lancé avec fracas contre la voûte du laboratoire et retomba de tout son poids sur le malheureux faiseur d'expériences.

— Jésus! Maria! s'écria Benno, dans un effort suprême inspiré par une profonde terreur; puis, saisi par la pression de l'air, il tomba sur le sol.

Le feu qui flamboyait tout à l'heure dans le fourneau s'était éteint comme par enchantement. Il en était de même de la lampe suspendue à la voûte. Le charbon embrasé donnait seul, en pétillant, une faible lumière; la petite pièce était remplie d'une vapeur suffocante. Un silence de mort régnait dans le laboratoire. Ce silence n'était interrompu de temps en temps que par les gémissements de Berthold, qui avait été gravement blessé.

Une fumée pénétrante tira bientôt Benno de

son évanouissement; il n'avait pas cependant recouvré complétement sa connaissance. Des pensées diverses, mêlées et confuses, s'agitaient dans sa petite cervelle comme dans un rêve dont on ne peut se rendre compte.

— Oui, se disait-il, ce ne peut être qu'un songe... Mais, où suis-je? Par où cette vapeur est-elle entrée ici?

Mais peu à peu ses idées s'éclaircirent... La mémoire lui revint; et du milieu d'un souvenir bien confus encore, il se souvint avoir entendu une voix d'enfant qui avait dit très clairement :

— Jésus! Maria!

— Était-ce sa propre voix? C'est ce qu'il ne pouvait croire. Cependant, à qui cette voix pouvait-elle appartenir? Il espérait et craignait tour à tour; il eût voulu s'essayer de parler, et il n'osait, de peur que la réalité ne vînt détruire son beau rêve. Semblable à un homme qui, croyant avoir trouvé, pendant son sommeil, beaucoup d'argent, tient encore, à son réveil, sa main fortement fermée, la regarde avec complaisance, puis quand il l'ouvre et qu'il trouve qu'il ne tient rien, se livre à un violent désespoir; ainsi le pauvre Benno, dans la crainte d'une pareille déception, n'osait d'abord ouvrir la bouche; mais la tentation était trop forte, le désir trop impétueux : il n'y put longtemps résister. Depuis huit ans qu'une chute malheureuse l'avait privé subitement de la faculté de la parole, il était demeuré dans un mutisme absolu. Le temps et l'heure étaient-ils maintenant venus, où, selon la promesse du prêtre de Mariahilf, la Vierge miraculeuse devait le secourir? Tout est perdu pour celui qui manque de foi.

C'est pourquoi Benno résolut de tenter l'épreuve au nom du Seigneur. Jésus! Maria! tels étaient les noms qu'il lui semblait bien que ses lèvres avaient prononcés. Il se recueillit donc avec une grande ferveur dans l'âme. Puis, rempli d'une sainte confiance, il répéta ces mêmes mots. O céleste mère de Dieu, vous entendites sa prière mentale, et le miracle s'accomplit! Le don de la parole est rendu à ce pauvre enfant! Au milieu de l'obscurité et de la fumée qui empeste l'atmosphère, il tomba à genoux pour adresser au ciel, à haute et joyeuse voix, des louanges et des actions de grâces. Oui, concevez-vous tout son bonheur? Il peut exprimer ce que jusque-là il n'avait pu que penser.

Pendant que le reconnaissant Benno offrait au grand dispensateur de tous les biens les prémices du présent que le ciel venait de lui faire, les lèvres du moine s'ouvrirent pour maudire le diable et pour lui renvoyer la responsabilité du mélange qui, combiné avec le poison du Juif, avait lancé le pilon sur lui avec accompagnement de tonnerre et d'éclairs, et avait enfin laissé, après l'explosion, une vapeur épaisse et nauséabonde qui avait failli l'étouffer.

— Mon cher enfant, dit ensuite le moine, toujours étendu sur le plancher, ouvre la porte, souffle le feu pour que la fumée se dissipe, et, je t'en prie, appelle du secours... Je suis bien souffrant.

Comme Benno exécuta cet ordre avec plaisir! Il se serait jeté en ce moment dans les flammes pour sauver son plus mortel ennemi, tant son cœur éprouvait de bonheur et de joie!

Alors, à travers les espaces solitaires et silencieux du cloître, il fit retentir une voix haute et claire pour appeler les autres religieux au secours de Berthold. Les frères reçurent avec joie et chagrin la nouvelle du malheur qui venait d'arriver. Il s'éleva entre eux une dispute fort animée sur la question de savoir si le don de la parole fait à Benno dans les circonstances présentes devait être attribué à la bonté de la sainte Vierge, ou si, provenant de la détonation diabolique, il ne devait pas être regardé comme un sortilége. Benno se souciait aussi peu de cette dispute que de son résultat quel qu'il fût. Il se trouvait heureux que le lien qui retenait sa langue captive fût enfin brisé. L'événement avait d'ailleurs pour lui une autre conséquence agréable : c'est que les graves blessures du moine devant suspendre pour longtemps ses expériences sur l'art de faire de l'or, l'enfant, jugé inutile au couvent, fut renvoyé à la prison. Quelle joie ! Il y retrouva sa sœur bien-aimée ! et le bonheur qu'ils éprouvèrent de se revoir leur fit oublier la visite de plus en plus prochaine du féroce dragon.

CHAPITRE TREIZIÈME.

La réunion désirée.

Les murs de la prison où languissait Stammer étaient d'une épaisseur considérable. Il avait pu cependant remarquer les signes précurseurs du printemps qui s'annonçait partout. Cette remarque lui navra le cœur, et faillit le jeter dans le désespoir. Le bruit de la neige fondante tombant du haut de la tour sur le pavé; le doux gazouillement des oiseaux qui frappait faiblement son oreille; cet air doux et tiède qui pénétrait dans son cachot étaient autant d'avertissements que le temps qu'il avait fixé pour son retour était arrivé.

Comme il n'avait pas l'espoir d'attendrir les cœurs de ceux qui le tenaient captif, il ne lui restait autre chose à faire que de tenter une évasion par tous les moyens possibles. A cet effet, donc, il creusa le sol de la prison, en cherchant à se pratiquer une issue sous les fondations de la tour; mais, à son grand chagrin, il reconnut bientôt que les constructions reposaient sur un roc qu'on ne pouvait entamer. Cependant il éprouva une grande joie en découvrant dans son cachot une espèce de hoyau, laissé là sans doute par un ouvrier pendant la construction de la tour. Quoique couvert de rouille, cet instrument lui promettait de bons services.

Stammer aussitôt se mit à l'œuvre pour pratiquer dans la muraille une brèche suffisante qui pût lui permettre de passer à travers. Par bonheur, les murs, formés de petits moellons, et déjà minés par le temps, ne lui offraient qu'une faible résistance. L'amour paternel et l'anxiété du désespoir doublaient d'ailleurs ses forces, et lui firent mener son entreprise à bonne fin. Il était à l'abri de la crainte d'être découvert, car personne ne venait jamais dans son cachot. On lui descendait sa nourriture par une poulie du haut de la tour, qui se trouvait loin du mouvement du château, sur un rocher très escarpé. De plus, les pierres, en se détachant de la muraille, ne faisaient que très peu de bruit : circonstance qui favorisait son projet.

Lorsque, après un travail incessant et de plusieurs jours, il parvint à faire une trouée qui laissa pénétrer le jour du dehors, il éprouva des transports de joie. Cependant il suspendit son travail dans la crainte d'en compromettre le succès, et attendit, pour achever la brèche, que la nuit eût amené l'obscurité. Combien ce travail avait dû lui être pénible! car, pour l'exécuter, il était contraint de se mettre, tantôt sur le dos, tantôt à plat ventre ; il lui fallait ensuite s'avancer ou reculer dans un couloir étroit, pour transporter dans un coin de la prison les fragments de pierres qu'il détachait de la muraille, ou la terre qu'il enlevait. Aussi ses habits étaient-ils dans un état déplorable; ses yeux, qu'avait fatigués la poussière, étaient enflammés d'une manière douloureuse.

Mais le bon père n'y faisait point attention. Il ne s'était pas préoccupé non plus de la crainte que le mur, privé de son support, pouvait l'écraser en s'écroulant.

Enfin la nuit, si impatiemment attendue, arriva. Aussitôt Stammer donna les derniers coups de pioche pour élargir la brèche. Quelle sensation délicieuse il éprouva, lorsque le souffle tiède du printemps vint caresser ses joues brûlantes, lorsque ses yeux virent étinceler au firmament les étoiles d'or, lorsqu'il découvrit dans le vague de la nuit, et les montagnes et les vallées! Oh! alors sa poitrine se sentit gonflée par un sentiment perdu longtemps pour lui, par le sentiment de la liberté!...

Il était enfin sorti de la tour, et se trouvait sur une étroite plate-forme qu'offrait un rocher. Il promena ses regards autour de lui avec attention et vigilance. Tout près de lui, se dressait le château des brigands avec ses tourelles, ses dépendances et ses murailles crénelées. On voyait une vive lumière à quelques fenêtres. Ainsi la nuit ne pouvait être fort avancée. Stammer regarda le précipice béant à ses pieds. Comment parvenir au bas de ce rocher sourcilleux sans se rompre le cou?

Cependant il était sur le point de tenter l'aventure périlleuse et de descendre en se mettant sous la protection de Dieu. Alors une vive clarté vint frapper ses yeux. Dans son effroi, le malheureux fugitif se coucha tout de son long sur le rocher, s'attendant à être massacré par les brigands. Mais son anxiété cessa, lorsqu'il reconnut, à la lueur des torches, un convoi qui amenait au château une nouvelle capture. Cette clarté inattendue, et qu'il avait d'abord maudite, lui servit à hâter l'exécution de son dessein. Maintenant il était en mesure d'entreprendre la descente du rocher avec le moins de danger possible.

Il employa un moyen assez extraordinaire, mais fort expéditif, ainsi qu'on va le voir. Au lieu de descendre en restant tout debout, il descendit à plat sur le ventre, la tête en avant. De cette manière, il franchit sans accidents les points les plus escarpés. Il arriva ainsi au bas du précipice. Mais à présent que le danger de la descente était passé, une autre crainte vint prendre sa place. La pensée, une pensée cruelle pour le cœur d'un père, fit invasion dans les pensées de Stammer. Il n'y avait point à douter que ses enfants n'eussent été offerts en victimes au dragon! Ces pauvres enfants! Ils avaient certainement espéré jusqu'à leur dernier moment le retour de leur père, et ils avaient été déçus dans leur attente! A quoi donc lui servait maintenant de vivre s'il devait ne plus revoir ses enfants?

Stammer pleurait amèrement... Dans le trouble que lui causait le triste souvenir de sa famille, il n'avait pas eu la pensée de remercier Dieu de sa miraculeuse délivrance. Mais aussitôt il songea à réparer cette omission involontaire, et le fit non sans une gratitude respectueuse. Il sentait ses pieds alourdis et son cœur comme oppressé sous une enveloppe de plomb.

Décidément ce pays était pour lui une contrée de malheur; car, pour ajouter encore à ses inquiétudes mortelles, il s'égara dans cette même forêt. Au lieu de marcher vers la ville, qui était le but de sa course, en quittant le château, il semblait lui avoir tourné le dos. Le soleil se trouvait déjà levé depuis plusieurs heures, et il ne voyait toujours pas la ville devant lui. Enfin il l'aperçut de loin. A son aspect, une indicible mélancolie s'empara de son âme. Cette malheureuse cité avait-elle été le tombeau de ses chers enfants? Il aurait désiré ardemment rencontrer quelqu'un qui pût lui donner quelque certitude sur leur sort. Il le désirait et il le craignait tout à la fois. Bientôt il vit passer un homme qui courait à perdre haleine. Sa figure était bouleversée; il prenait à peine le temps de respirer.

— Arrêtez un moment! lui cria Stammer, tremblant comme la feuille, dans la crainte d'entendre son arrêt de mort, en apprenant la mort de ses enfants. De grâce! arrêtez! je n'ai qu'un mot à vous demander.

— Je n'ai pas le temps, répondit le coureur en haletant et poursuivant sa route.

— Au nom de la bonne sainte Vierge! dit Stammer, dites-moi si le dragon.....

— Le dragon!... il va venir incessamment, interrompit l'homme. La débâcle s'est effectuée cette nuit dans le lac, et alors...

— Dieu soit loué! dit Stammer d'une voix émue.

S'imaginerait-on qu'un homme pût être transporté de joie en apprenant qu'il sera bientôt dévoré par un dragon? Et pourtant il en était ainsi. Stammer se jeta à genoux pour remercier Dieu. Tour à tour, il riait et pleurait de joie. Enfin, prenant sa course, il atteignit celui qui lui avait donné cette bonne nouvelle, et comme il suivait aussi le chemin qui menait à la ville, ils cheminèrent de compagnie.

Dès qu'ils eurent franchi les portes, Stammer n'eut rien de plus pressé que de courir à la prison. Le désir de revoir ses enfants lui donnait des ailes. Sous ses coups redoublés, la porte s'ouvrit, mais trop lentement au gré de son impatience.

— Où sont mes enfants? cria-t-il avec force au geôlier qui lui ouvrait.

— Suis-je chargé de veiller sur vos marmots? lui répondit l'homme de la prison, en le regardant d'un air morose et curieux.

— O mon Sauveur! s'écria Stammer d'une

voix déchirante; que sont devenus mes enfants que j'avais laissés ici en ôtage?

Alors un trait de lumière frappa l'esprit du geôlier.

—Ah! dit-il en souriant, c'est donc vous qui avez voulu enlever la sorcière à ma juridiction! Oh! mon Dieu! comme vous êtes changé! Je ne vous aurais jamais reconnu! Le dragon ne fera qu'un bien maigre repas avec votre peau! C'est égal, c'est bien à vous de n'avoir pas laissé ces aimables enfants en danger de périr à votre place. Quant à la fille, j'aurais bien entrepris de la soustraire à la mort; mais pour le petit garçon, impossible!

—Ah! vite! vite! mon brave homme, menez-moi auprès d'eux, dit Stammer d'une voix suppliante; j'ai besoin de les voir, de les presser entre mes bras.

Le geôlier referma la porte de la prison; puis, en rentrant dans les cours, il cria d'un ton amical :

— Holà! Brigitte! laisse là un peu le bambinot; mets-le un instant par terre, il n'en mourra pas! et cours nous chercher ton frère!

Un instant après les deux enfants accoururent en se tenant par la main. Ils reconnurent tout de suite leur père malgré le changement qui s'était opéré en lui. Ils se jetèrent dans ses bras avec des cris de joie. Dans ce premier moment, Stammer, se livrant tout entier aux transports de sa joie, ne s'aperçut point que Benno avait recouvré la parole.

— Eh! père, regardez donc! dit Brigitte un peu après; notre cher Benno n'est plus muet! Il parle à présent comme vous et moi!

— Cela est impossible! dit le père en la regardant d'un air d'incrédulité.

— Si, c'est bien vrai, mon père, dit le petit avec tendresse et l'âme toute pénétrée de son bonheur; la sainte Vierge est venue à mon secours ainsi que nous l'avait prédit le révérend père de Mariahilf.

Stammer, heureux au-delà de toute expression, serra de nouveau son fils dans ses bras. Puis, attirant ses deux enfants sur ses genoux, et élevant avec eux ses mains jointes vers le ciel, il pria du plus profond de son cœur avec reconnaissance.

— Seigneur ! Seigneur ! vous guérissez les cœurs flétris, et vous relevez ce qui est couché dans la poussière ! Vous m'avez regardé en pitié, moi, votre plus humble serviteur ! Et vous m'avez fait la grâce la plus insigne que je pusse désirer ! Agréez, Seigneur, les remerciements que je vous adresse de concert avec mes enfants !

— A présent, je mourrai bien heureux ! ajoutait-il en se levant avec ses enfants.

— Mourir, dirent ceux-ci avec effroi... Oh ! non ! vous ne mourrez pas, cher père !

— Comment voulez-vous faire ! répondit-il en souriant ; croyez-vous, mes enfants, que je craigne la mort ? Oh ! je l'ai éprouvée mille fois, lorsque je languissais dans le cachot souterrain

Stammer heureux serra de nouveau son fils dans ses bras.

de Schrekenstein, et que l'incertitude où j'étais sur votre sort me torturait les entrailles. Jamais homme n'a subi un pareil supplice!

— Non, cher père, vous ne mourrez pas! s'écrièrent de nouveau les enfants.

Dans ce moment, mille voix effrayées s'écrièrent dans la rue :

— La glace du lac est brisée et le dragon s'avance vers la ville!

— Entendez-vous? entendez-vous? dit le père; c'est mon glas funèbre. Il m'avertit que je n'ai plus que peu de temps à passer avec vous. Nous ferons donc bien de mettre à profit les moments qui nous restent.

— Nous voulons mourir à ta place, s'écrièrent les deux enfants, sans pouvoir s'empêcher de frissonner de tous leurs membres.

— Non, mes enfants, répondit Stammer attendri; je ne consentirai jamais à ce sacrifice..... Vous connaissez à peine la vie, surtout toi, mon pauvre Benno. C'est une loi sage qui veut que les parents partent avant leurs enfants. Il faut savoir se résigner aux éternelles volontés du Seigneur. Mais laissons un moment ces pensées. Venez, mes enfants, racontez-moi avec détails comment Benno a pu retrouver la parole. Pauvre enfant ! ton visage, ainsi que le mien, annonce par sa maigreur que ce n'est pas sans lutte que tu as conquis ce trésor.

Tendrement entrelacés, le père et les enfants, heureux d'être réunis, passèrent dans l'intérieur de la prison.

CHAPITRE QUATORZIÈME.

Les épreuves de la poudre.

A la nouvelle de la rupture des glaces du lac Grundel, le magistrat de la ville s'empressa de prendre toutes les précautions d'usage. On lui annonça aussi le retour du pèlerin, et cette fidélité à remplir un aussi terrible engagement fit sur lui et sur tous les membres du conseil l'impression la plus favorable. On plaignit l'honnête Stammer et ses intéressants enfants; mais toutefois on n'osa pas prendre la résolution de rapporter la sentence portée contre ce pauvre père, parce qu'on craignait de déplaire au peuple en diminuant la pitance dévolue au dragon.

En conséquence, les prisonniers reçurent avis de se préparer par la confession et par des prières au triste sort qui les attendait. Mais quelqu'un qui aurait pu observer les condamnés aurait été bien surpris de les voir s'occuper de tout autre chose que des apprêts ordinaires de la mort. Au lieu de chanter les psaumes de la pénitence, au lieu de se frapper la poitrine avec contrition, au lieu de se mettre à genoux et de vaquer à de longues prières, la plupart des victimes vouées au dragon se livraient activement à des occupations futiles en apparence, ce qui, dans la circonstance présente, devait paraître étrange au plus haut point.

Cette préoccupation singulière était tout à coup survenue aux prisonniers par suite d'un entretien que Stammer avait eu avec le Juif Élie.

Quelques mots d'explication vont donner le mot de l'énigme.

Le sujet de cet entretien mystérieux avait été le prétendu poison qui avait causé l'accident du moine et le bonheur de Benno. Le caractère du Juif était la taciturnité, si ordinaire d'ailleurs à toute sa nation. Il eût été disposé à ne pas répondre aux questions de Stammer; mais les soins attentifs qu'avait eus pour lui la jeune Brigitte avaient vaincu son entêtement silencieux, et par reconnaissance pour la fille, il crut devoir satisfaire aux demandes pressantes du père. Il répondit donc avec franchise que la substance amère et salée, dont un échantillon avait été saisi sur lui, était tout simplement du salpêtre, dont il voulait trafiquer avec les apothicaires, et qu'il en avait encore une tonne tout entière déposée en un lieu sûr qu'il indiqua. Bientôt le geôlier avait été mis dans le secret, et s'était chargé de transporter le tonneau dans l'intérieur de la prison; puis la prison elle-même avait été transformée en un véritable laboratoire, où les condamnés, au lieu de s'occuper de graves méditations sur la mort, se livraient exclusivement à la recherche de la transmutation des substances. Comme on n'avait pas la crainte qu'ils ne s'échappassent, on leur avait permis de passer sans leurs chaînes les heures qu'on croyait être les dernières de leur existence. Ils profitèrent donc de cette permission pour s'occuper de divers travaux.

La vieille Sibylle travailla à réduire en poudre un gros morceau de soufre. L'odeur forte qui résulta de cette opération saisit fortement son odorat ; elle éternua à plusieurs reprises, et Brigitte, assise auprès d'elle, ne manqua pas de s'incliner chaque fois en disant : Dieu vous bénisse !

Clara, la jeune religieuse, broyait et passait au tamis du charbon, sans s'apercevoir qu'elle s'était fait d'énormes moustaches ; ce qui faisait rire entre eux et sous cape les prisonniers.

Des tas de salpêtre pulvérisé étaient mis à part, et les hommes étaient très affairés à le mélanger avec du soufre et du charbon.

Puis Stammer, Job, Élie et Benno se rendirent dans l'étroite cuisine du geôlier, pour faire sur son fourneau des expériences de la poudre Berthold, comme ils l'appelaient. Stammer mit une quantité du mélange sur les briques. Il prit ensuite un tison flambant, et, se plaçant aussi loin que possible de la poudre suspecte, il approcha le feu de la mystérieuse mixtion, mais en prenant d'excessives précautions, et en témoignant une crainte telle que celle qu'on éprouverait en présence d'un arsenal rempli de poudre. Le tison, approché du tas noir d'une main tremblante, va faire explosion, du moins c'est ce que tous ces hommes attendent avec une curieuse anxiété. Mais, ô malheur! loin d'éclater et de révéler une force fulminante, comme Benno l'avait annoncé, la poudre ne prend même pas feu!

Déçus dans cette première expérience, les assistants se regardent les uns les autres en secouant la tête. Benno, craignant d'être pris pour un imposteur, protesta encore une fois qu'une seule étincelle avait suffi pour enflammer la masse contenue dans le mortier. Alors Stammer éteint la flamme, et frappe courageusement le tison sur les briques du fourneau, de sorte qu'une pluie d'étincelles jaillit aussitôt tout autour. En ce moment, le feu prend à un petit tas de poudre, qui produit une faible explosion et dégage une vapeur pénétrante.

Les hommes tiennent conseil; ils échangent leurs conjectures sur l'événement dont ils viennent d'être témoins. On apporte un mortier; on le remplit à demi avec ce mélange noir, et l'on place le pilon dans le mortier. Job, cette fois, se sent assez de courage pour faire l'artificier. Il frappe résolûment le mortier avec le tison, et aussitôt lui et ses compagnons sont lancés à quelque distance par une force irrésistible, tandis qu'une masse ardente de feu s'élance du mortier avec un bruit effrayant. Le pilon, lancé avec force, retombe aux pieds des assistants stupéfiés.

Plusieurs expériences renouvelées font entrer dans l'esprit des prisonniers la conviction que la poudre obtient d'autant plus de force qu'elle est plus comprimée.

Pour faire une expérience plus décisive, le geôlier, chargé de plusieurs rouleaux de poudre fortement tassée dans du papier, fut expédié à la carrière, où l'on travaillait à creuser le roc pour pratiquer une nouvelle route qui passât hors de la portée du château des brigands. Stammer avait donné au geôlier le parfait signalement du vieux carrier avec lequel nous l'avons vu faire connaissance, et qui lui avait paru un homme de sens et d'intelligence. Le geôlier devait s'adresser à cet homme de préférence, pour la demande qu'il avait mission de faire.

— Mon brave homme, dit-il donc au vieux

carrier en l'abordant, si vous voulez m'écouter avec un peu de complaisance, je vous apporte un moyen d'abréger votre travail et d'épargner votre peine.... Il s'agit tout simplement de faire dans le roc que vous voulez une ouverture de la largeur et de la longueur de ce rouleau que je tiens à la main. Là dedans est renfermée une poudre merveilleuse dont les effets sont surprenants. Quand vous aurez placé ce rouleau dans le trou où vous l'enfoncerez autant que possible avec un tampon, en n'y laissant que l'espace nécessaire pour y introduire ce fil soufré, au moyen duquel je veux mettre en action ladite poudre. Mais alors, je vous en avertis, il faut se tenir au large, si l'on ne veut pas être foudroyé sans distinction d'amis ni d'ennemis.

Le carrier, en entendant ces paroles, haussait les épaules; il prit néanmoins le rouleau de poudre, et, le pesant dans sa main, il dit d'un ton passablement narquois :

—Vous voulez vous moquer de moi, à ce qu'il

paraît, et me faire gober un poisson d'avril, quoique nous ne soyons qu'en mars? Allez! j'ai quelque chose de mieux à faire que de servir à votre amusement.

Les autres carriers, qui s'étaient approchés des deux causeurs, poussèrent un éclat de rire unanime, et se moquèrent amplement du geôlier et de son offre.

— Vous avez trouvé à qui parler avec votre belle découverte, s'écria un jeune garçon en ricanant de toutes ses forces; moi, je suis un luron qui entends l'herbe pousser!

— Le niais Dippolt lui-même, dit un autre, n'y aurait pas été pris.... Je vous le demande : a-t-il bien fait de s'adresser au plus intelligent de nos ouvriers?

Le geôlier laissa les uns et les autres rire et gausser tout à leur aise, jusqu'à ce qu'ils se fussent calmés. Alors il leur dit :

— Je vous donne deux batz, si vous voulez faire ce que je vous propose. Si la chose ne réussit pas telle que je vous l'ai annoncée, alors c'est moi qui serai l'imbécile, et les rieurs seront à bon droit de votre côté.

— Deux batz! dirent les carriers étonnés; voilà qui s'appelle parler! Dans un quart d'heure gagner la moitié du prix d'une journée entière! Cela me va; j'en suis! Eh! dites-moi, vous n'avez pas besoin de plus de trois hommes? je suis à vos ordres.

Le geôlier acquiesça à cette demande, et le carrier commença aussitôt son travail. En quelques instants l'ouverture fut faite, le rouleau de poudre introduit dedans, le tampon poussé, et la mèche soufrée mise en place. Lorsque le geôlier mit le feu à la mèche, il cria aux ouvriers de s'éloigner promptement, parce qu'il ne répondait plus de rien. Il s'éloigna lui-même et s'abrita derrière un gros arbre. Mais les ouvriers, toujours incrédules, se mirent à sourire, en se contentant de faire quelques pas en arrière.

Le roc s'ébranla avec un bruit épouvantable,

comme celui du tonnerre; la pierre se fendit, et les morceaux, détachés de ses flancs, furent lancés en l'air avec un horrible fracas. Heureusement ils ne blessèrent, dans leur chute, aucun des incrédules qui, pétrifiés par la peur, étaient restés sans mouvement. Les cheveux hérissés, le visage pâle, les yeux ébaubis, ils considéraient avec stupeur l'effet incompréhensible de cette poudre, objet de leurs moqueries.

Ils furent longtemps à revenir de leur étourdissement. Le geôlier, sûr du plein succès de cette épreuve, se hâta de regagner la ville. D'ailleurs, s'il eût donné aux carriers le temps de se reconnaître, ils n'eussent pas manqué de le pendre comme sorcier, ou tout au moins l'auraient vilainement maltraité : il aimait autant s'être échappé de leurs mains.

Les prisonniers apprirent avec une grande joie ce qui venait de se passer. Leur activité au travail redoubla, et la nuit même ne put y mettre un terme. Le geôlier fut mis de nouveau en campagne; mais cette fois il prit un autre chemin. Il se rendit chez le bourgmestre, et il en rapporta une vieille et lourde armure de fer.

Alors commença dans la prison un travail d'un autre genre. La vieille Sibylle et Clara se mirent à coudre diverses pièces de vêtements. Avec le secours de Job et d'Élie, Stammer s'attacha à boucher soigneusement les trous faits par la rouille à la vieille armure. Il n'y avait plus un seul moment à perdre; car un second messager venait d'apporter la nouvelle que le dragon paraissait sur la surface des eaux, et n'attendait plus probablement que le lever du soleil, afin de reprendre des forces sous l'influence de ses rayons avant de parcourir la contrée et d'y chercher sa proie.

CHAPITRE QUINZIÈME.

La mort du dragon.

Le lendemain tous les habitants de la ville étaient sur pied de grand matin. C'était ce jour-là que les prisonniers devaient être conduits hors des murs et attachés à un poteau par une forte chaîne, afin que toute évasion leur fût impossible. On sacrifiait quelques victimes pour le salut général, et ce sacrifice était d'autant plus nécessaire que le sable amoncelé autour de la ville avait été mouillé par la neige dégelée et facilitait par conséquent la marche du dragon, dont le hurlement sourd se faisait entendre déjà dans le lointain.

Les trois prisonniers, Stammer, Elie et Job, frémirent en apprenant que leur dernier jour était arrivé. La mère Sibylle et Clara donnaient les signes du plus grand désespoir. Benno et Brigitte tenaient leur père étroitement embrassé et se montraient insensibles à toutes les consolations qu'il leur prodiguait.

— Non, non, s'écriaient-ils ensemble, nous ne te laisserons pas mourir.

— Il le faut cependant, répliqua Stammer d'une voix triste, mais ferme ; et il fit en même temps un signe au geôlier, qui fut obligé d'employer la force pour éloigner les enfants.

— Je vais vous mettre au cachot, leur dit cet homme d'un ton menaçant, puisque vous ne voulez pas être sages. Vos pleurs ne servent en rien à votre père ; ils ne peuvent que l'occuper entièrement et l'empêcher de suivre l'exécution de son dessein. Il faut, en vérité, que je vous enferme pour le salut de tous les prisonniers.

— Oh! non, s'écrièrent les deux enfants avec larmes; nous allons rester bien tranquilles ; permettez-nous de vous suivre, car ici nous mourrions certainement d'inquiétude.

— Eh bien ! dit le geôlier, si vous tenez votre promesse de ne pas vous éloigner, je vous emmènerai jusque sur les murailles de la ville.

Les enfants promirent ce qu'on leur demandait et s'efforcèrent d'avoir une contenance plus calme. Bientôt les gens d'armes parurent dans la cour de la prison pour servir d'escorte aux condamnés.

Le convoi se mit un instant après en ordre pour le départ. La terreur qu'inspirait le dragon avait fait place cette fois à la curiosité. Quoiqu'on entendît retentir de plus en plus le hurlement du monstre, toutes les rues de la ville, les fenêtres et les toits des maisons, les murailles et les tours étaient couverts de monde. Chacun voulait voir les condamnés, chacun voulait assister, s'il était possible, à leur fin terrible.

A l'attrait naturel d'une scène véritablement tragique, se joignit l'excitation provoquée par le bruit vaguement répandu que les prisonniers voulaient tenter un coup hardi contre le dragon.

On se rappelait l'histoire de la vieille armure que le geôlier avait rapportée la veille de la maison du bourgmestre dans l'intérieur de la prison. On tenait pour certain qu'un des condamnés, couvert de cette armure et armé jusqu'aux dents, lutterait contre le dragon comme un hardi chevalier. On se demandait si ce serait Job, l'homme au gros ventre, ou bien le pèlerin, à la maigre carcasse, qui se chargerait du rôle de combattant. Les opinions se partageaient entre ces deux champions. Quant au Juif, personne ne lui supposait assez de courage pour engager une lutte aussi dangereuse.

Lorsque les portes de la prison furent ouvertes, les condamnés voués à la mort sortirent, précédés et suivis d'un détachement d'archers chargés de leur faire traverser la ville.

Un murmure d'étonnement, causé par l'attente déçue, circula dans la foule :

— Où est donc l'homme armé? Il y a donc quatre hommes? entendait-on de tous côtés, et chacun se pressait avec curiosité pour voir.

Stammer et Job s'avançaient portant entre eux deux un homme que personne ne connaissait. On supposa que la crainte de la mort avait tellement paralysé cet inconnu, qu'il ne pouvait faire aucun mouvement et avait besoin d'être soutenu par ses compagnons. Il avait la visière de son casque baissée sur son visage, de sorte qu'on ne lui voyait pas les yeux. Ses jambes ne marchaient pas, elles traînaient sur le pavé. Sa poitrine et son ventre semblaient gonflés d'une manière difforme, et nullement proportionnés avec ses bras et ses jambes grêles. Ses joues étaient couvertes d'un rouge vif, mais le reste de sa figure était d'une pâleur extrême.

Derrière ces trois personnages marchait en boitant le Juif Elie, dont l'aspect excita des rires grossiers dans la foule des spectateurs.

— Tiens, que veut le Juif avec sa lanterne allumée? que prétend-il faire avec une besace sur son dos? se demandait-on en riant. Compte-t-il, par hasard, berner le dragon et faire du commerce avec lui?

Elie, en effet, en marchant au supplice, portait une lanterne et une besace, et c'était ce qui faisait rire la multitude, qui ne pouvait voir l'utilité de ces deux objets dans la circonstance suprême où se trouvait le Juif.

Les rires cessèrent quand les regards des assistants virent passer la pauvre Clara, dont la beauté aimable et touchante inspirait un vif intérêt, et à qui une douleur profonde prêtait encore de nouveaux charmes. La vieille Sibylle elle-même, dont le visage n'était plus maculé par des cercles rouges autour des yeux, excitait les sentiments d'une charitable compassion.

Brigitte et Benno, se tenant étroitement comme s'ils eussent été liés l'un à l'autre, venaient ensuite sous la conduite du geôlier. Le visage inondé de larmes et les yeux attachés sur leur père, ces pauvres enfants étaient en proie à une immense douleur. Leurs souffrances intimes, qui étaient exprimées dans le bouleversement de leurs traits, faisaient une profonde impression sur tous les cœurs.

Enfin le funèbre cortége arriva au lieu de sa destination : c'était un endroit situé hors de la ville, non loin d'une plaine sablonneuse. On y voyait, non sans étonnement, deux poteaux placés à une petite distance l'un de l'autre et destinés aux pauvres condamnés. A deux pas de celui qui était le plus près de la ville se trouvait un fossé long de quelques toises et probablement profond ; la terre qu'on en avait tirée formait une sorte de petit retranchement. Quand on fut arrivé là, le Juif Elie et les deux femmes firent halte ; mais Stammer et Job traînèrent leur compagnon à la vieille armure auprès du premier poteau; ils l'y attachèrent et le fixèrent solidement, en faisant plusieurs tours de sa chaîne autour de son corps. Puis Job revint chercher la besace du Juif. Les spectateurs étaient singulièrement étonnés des précautions avec lesquelles Job ouvrit cette besace; ils ne furent pas moins surpris lorsqu'ils le virent en tirer de la poudre noire avec laquelle il fit une traînée qui partait du pied de l'homme enchaîné jusqu'à l'autre poteau.

En même temps on avait apporté au même endroit un réchaud de braise allumée. Des forgerons rivèrent l'un à l'autre les cinq condamnés et leur mirent une chaîne qui partait de l'un des poteaux. Il était temps qu'ils terminassent la besogne, car le hurlement du dragon annonçait qu'il n'était pas éloigné. Déjà les spectateurs placés sur les murailles de la ville le voyaient ramper dans un nuage de poussière et activer sa marche rapide par le mouvement alternatif de ses ailes.

Stammer et Job traînerent leur compagnon auprès du premier poteau et l'y attachèrent.

Bientôt le monstre fit son apparition dans la plaine, et aussitôt les cinq condamnés se blottirent dans le fossé, pour se soustraire aux regards de la féroce bête. Seul, l'homme à la vieille armure, attaché si étroitement au premier poteau, se trouvant dans l'impossibilité de bouger, dut forcément affronter l'aspect du dragon. Il semblait que le pauvre homme fût mort de frayeur, car on ne remarquait sur son corps ni contraction ni tressaillement. Aucune plainte, aucun cri d'effroi ne s'échappait de sa bouche.

Les deux femmes et le Juif ne conservèrent pas la même impassibilité. A l'approche du dragon, ils s'enfoncèrent le visage dans le sable pour ne rien voir, pour ne rien entendre. Quant à Stammer et Job, ils levaient un peu la tête au-dessus du niveau du sol et suivaient attentivement tous les mouvements du dragon, qui se dirigeait vers la première victime, avec la démarche presque solennelle d'un sacrificateur.

Au milieu du calme de mort qui régnait au sein

de la multitude, le geôlier était le seul qui fît aller sa langue. Il ne pouvait se refuser la satisfaction d'annoncer aux gens qui stationnaient autour de lui comment les choses allaient se passer.

— N'allez pas vous imaginer, disait-il, que cet homme que vous voyez là au premier poteau soit vivant! Ce n'est autre chose qu'un mannequin que j'ai moi-même aidé à habiller et à bourrer. Il y a dedans ce mannequin une drogue qui ne manquera pas de causer de violentes coliques à messire le dragon. D'abord, sous la camisole se trouve quelque chose qui lui donnera une chiquenaude pas mal forte; et puis l'homme tout entier est rempli d'une poudre prodigieuse qu'a inventée le frère Berthold Schwartz, du couvent des franciscains, et, par parenthèse, c'est à ses propres dépens qu'il en a fait l'expérience ; car il est encore malade depuis le jour de son premier essai. Cette poudre n'est qu'un composé de salpêtre, de soufre et de charbon. Séparément, ces substances ne pourraient rien produire; mais, mélangées ensemble, ô saint André! elles ont une force à laquelle rien ne résiste. Ce petit garçon que voilà, et qui était muet, la poudre lui a rendu la parole; elle a presque écrasé la tête à frère Berthold, qui en est l'inventeur; de plus, là-bas, dans la carrière, elle a fait éclater un roc trois fois aussi gros que moi. Cette précieuse poudre doit aussi nous délivrer du dragon. Voyez-vous d'ici la traînée noire qui va du fossé jusqu'au poteau; elle est tout entière formée de cette matière et doit elle-même mettre le feu à celle qui se trouve dans le mannequin, quand le moment sera venu. Regardez comme le dragon ouvre une grande gueule pour gober le prétendu bon morceau, qu'il ne tardera pas à trouver un peu salé, j'imagine. Remarquez-vous comment le pèlerin a allumé à la lanterne un morceau de bois, et comment il s'approche de l'extrémité de la traînée? A présent, il vient de l'éteindre... car il faut des étincelles pour allumer la poudre... Ah! ah!

voyez maintenant, la voilà qui prend! — Mais, ô bonne sainte Vierge! quel contre-temps!...

La langue bavarde du geôlier s'arrêta tout à coup. La bouche béante, l'œil fixe, il regarda les prisonniers qui étaient dans le fossé. Un accident imprévu avait empêché la réussite du plan si bien combiné. Au moment où Stammer posait le tison sur la poudre qui commençait à s'enflammer, une volée d'oies s'était élevée avec un grand battement d'ailes, justement au-dessus de la traînée de poudre qu'elle avait coupée, interceptant ainsi la propagation du feu.

A cette vue un cri de désespoir s'échappa de la poitrine de l'intrépide Stammer, et fut répété par ses compagnons. Mille voix retentirent du haut des murs et des toits des maisons, où les spectateurs étaient aussi désappointés que les prisonniers et s'emportaient contre eux.

En vain Stammer et Job s'efforcent de briser la chaîne qui les tient éloignés de quelques pas de la traînée de poudre dont ils attendent leur salut. Il ne leur est pas possible de s'éloigner du fatal poteau, auquel le méfiant magistrat les avait fait attacher pour déjouer toute tentative d'évasion.

Désespérés, Stammer et Job cachèrent comme les autres victimes leur visage dans le sable, et les spectateurs se détournèrent pour ne pas voir la hideuse scène qui allait avoir lieu tout à l'heure.

Au cri perçant de la foule, le dragon avait relevé la tête, frappé d'étonnement, et avait reculé de quelques pas. Au moment où il se rapproche du mannequin pour en faire sa proie, les deux enfants s'échappent des mains du geôlier, se jettent en bas du mur, et courent vers le lieu de la scène. L'action des enfants provoque dans la foule un second cri qui produit le même étonnement sur le dragon et le tient à distance. Mais Benno et Brigitte continuent leur course; sans s'être concertés, ils se dirigent tous deux vers le fourneau de braise; tous deux ils prennent dans leurs mains un charbon ardent, et le mettent en communication avec la trace de poudre qui restait, et qui prend feu de manière à atteindre heureusement son but.

Au moment où le dragon se saisit du mannequin, le feu y a pénétré. Une affreuse détonation, qui surpasse de beaucoup les hurlements du dragon blessé, ébranle l'air en même temps qu'une vive flamme s'élève vers le ciel. Alors un nuage impénétrable de vapeur et de fumée cache aux spectateurs l'issue de l'entreprise. On n'aperçoit que les deux héroïques enfants couchés sur le sol. Mais quand la fumée est dissipée, on remarque que le mannequin et le poteau ont disparu : à leur place, on voit une grande masse noire dans laquelle il est facile de reconnaître le dragon mort.

Quelques minutes se passèrent dans l'attente la plus pénible; mais quand on vit la lice parfaitement paisible, les plus hardis des spectateurs descendirent des murs avec précaution.

Toutefois, lorsque leurs yeux purent juger sainement des choses, ils accélèrent leurs pas, d'abord craintifs. En ce moment, semblable à un troupeau de brebis précédé du bélier portant la clochette à son cou, la foule s'élança des portes de la ville. Plus de tristesse sur les visages. Des murmures joyeux circulaient, au contraire, au sein de la foule. Ces murmures se changèrent en transports d'allégresse, lorsqu'on eut acquis la certitude de la mort du dragon.

Dans l'enivrement général, on oublie les auteurs de cette délivrance inespérée; on oublie de les détacher du poteau.... La foule ne veut voir que le dragon; elle s'élance pour repaître ses yeux de son sang noir et de ses membres dispersés.

C'était avec une surprise mêlée encore d'un peu de stupeur, que l'on contemplait ce monstre gigantesque qui avait été mutilé, mis en lambeaux par l'effet merveilleux de la poudre. Cette cuirasse d'écailles impénétrable à l'acier le mieux trempé, à la flèche la plus acérée, elle était maintenant brisée ! Mais combien de victimes humaines n'avait pas englouties cette immense gueule, hérissée de longues dents pointues ! Qui pouvait dire combien ce corps avait vécu d'années ?

CHAPITRE SEIZIEME.

Conclusion et moralité.

Du dragon exterminé, revenons aux cinq prisonniers sauvés, laissés à l'écart, mais cependant tout joyeux, sur le bord de leur fossé. En dédommagement des transes mortelles qu'ils avaient éprouvées, ils se réjouissaient maintenant de renaître à la vie. Une délicieuse émotion brillait dans tous les yeux; mais ce ne fut pas sans amertume qu'ils se virent oubliés de la foule qui leur devait aussi son salut!

Le malheur commun avait formé entre eux un lien d'amitié qui ne se souciait nullement de la différence de religion, d'âge ou d'état. Clara causait gaiement avec le Juif, objet des mépris du monde, et le marchand Job, jusque-là si fier, conversait amicalement avec la vieille Sibylle, une prétendue sorcière. Quant à Stammer, il avait la compagnie bien autrement intéressante pour lui, celle de ses deux courageux enfants, qui avaient été les vrais héros de la journée.

Benno et Brigitte, suspendus au cou de leur père retrouvé, et lui prodiguant les plus tendres caresses, oubliaient entièrement la douleur de leurs doigts, brûlés par le charbon qu'ils avaient saisi tout enflammé. Pénétré de reconnaissance, Stammer reportait ses regards de ses enfants à la voûte du ciel, et remerciait en silence le Seigneur d'avoir si favorablement écouté ses ardentes prières. Il fit vœu de visiter encore une fois la sainte image de Mariahilf, afin de lui prouver sa reconnaissance pour le miracle qu'elle avait opéré.

L'évêque de la ville, suivi de son clergé, solennellement précédé d'un piquet d'archers, s'avança en ce moment. Comme pour les plus grandes fêtes, ces ecclésiastiques étaient revêtus de leurs chasubles les plus somptueuses. Les diamants du magnifique ostensoir reflétaient les rayons du soleil. Un cortége d'hommes d'église et d'enfants de chœur avec leurs aubes blanches et leurs robes rouges, et portant des encensoirs ou des corbeilles de fleurs, venait à la suite. Puis paraissaient les magistrats de la ville dans leur grand costume, savoir : Le bourgmestre, les sénateurs, les assesseurs et les échevins. A leur tour venaient, sous leur cilice brun, les moines franciscains formant une longue procession, portant en triomphe au milieu d'eux, sur un lit de parade garni de matelas et de rideaux, leur frère Berthold, l'inventeur de la poudre. Quoique bien faible encore, ce moine a voulu prendre sa part des honneurs de la journée. De dessous les bandelettes qui couvrent sa tête, il jette un heureux regard sur la foule enivrée qui lui fait des ovations. L'encens populaire lui fait oublier ses douleurs et les déceptions de ses vaines recherches de l'or.

Enfin arrivent les religieuses avec leur abbesse, qui veulent aussi s'associer à la joie commune. Quoique entièrement voilées, elles examinent curieusement les poteaux et l'appareil de la délivrance universelle. A leur aspect, Clara, encore confuse, baisse les yeux vers la terre.

Lorsque les ministres du Seigneur, les magistrats de la ville, les moines et les religieuses eurent terminé leur procession, on songea à délivrer les pauvres prisonniers de leurs chaînes. Cette cérémonie se fit avec une certaine solennité. Tous furent en outre exemptés de toute punition ultérieure; et, selon la promesse du bourgmestre, ils furent dotés de plusieurs avantages en rapport avec la position de chacun d'eux. Outre une somme assez considérable qui leur fut distribuée, Stammer et Job eurent le titre de bourgeois d'honneur, et le Juif Élie obtint la permission de faire son commerce librement. La vieille Sibylle fut exemptée de tout impôt, et Clara, relevée de ses vœux sur la demande de l'évêque, fut rendue à ses parents, qui lui ouvrirent leur cœur en même temps que leurs bras.

On traça ensuite un grand cercle autour du dragon, et dans le centre on célébra solennellement le service divin, avec un *Te Deum* d'actions de grâces. Dans cette pieuse fête, la ville entière fut placée sous la protection de la Vierge puissante de Mariahilf. C'était un coup d'œil sublime qu'offrait cette foule innombrable prosternée et donnant les plus éclatants témoignages de sa foi! Lorsque, au tintement argentin des clochettes, le brillant ostensoir fut élevé en présence des fidèles, tous les fronts se prosternèrent avec la plus profonde vénération.

Le jour anniversaire de la mort du dragon fut fêté solennellement pendant plusieurs siècles, jusqu'à ce qu'enfin plus tard une génération incrédule eut mis en doute les faits les mieux avérés.

Stammer prit un établissement d'orfévre à Fribourg, sa ville natale, qui d'abord avait été pour lui un lieu de souffrance. Il eut bientôt une nombreuse et riche clientèle, et s'acquit la considération et l'estime de ses concitoyens. Clara, la douce Clara, eut toujours une tendresse presque maternelle pour les charmants enfants de Stammer. Ceux-ci grandirent dans la crainte de Dieu et dans l'obéissance à ses commandements. Ils gagnèrent de jour en jour en sagesse et en grâce.

La mère Sibylle fut bénie, jusqu'à sa dernière heure, par cette famille reconnaissante, qui aimait à voir en elle en quelque sorte une commune mère.

Élie ne venait jamais à Fribourg sans visiter son ancien ami et compagnon d'infortune, et sans apporter quelque joli cadeau pour ses enfants.

Au milieu de la joie générale, un seul homme se trouva qui n'était pas parfaitement heureux. C'était le marchand Job. Il ne pouvait bannir de sa mémoire le souvenir de tout ce qu'il avait perdu lors de la rencontre des chevaliers des haies.

Par la munificence du bourgmestre, il avait été indemnisé de ses pertes, mais il n'était point encore satisfait.

— Nous avons bien, disait-il, avec l'aide de Dieu et la poudre de Berthold, pu détruire un animal, qui était la terreur de toute la contrée. Mais il reste à exterminer des monstres humains qui dévorent le fruit de nos sueurs. Ce n'est qu'alors que le repos et la sécurité seront rétablies dans ce pays, et que l'aisance et le bien-être y règneront. A quoi nous servira la nouvelle route qui, au moyen de la poudre, pourrait avancer rapidement? Cent autres lieux restent encore ouverts aux bandits pour détrousser les marchands et les paisibles bourgeois qui voyagent. Oui, je le dis, il n'y aura de repos pour moi que lorsque les brigands auront été chassés de leur repaire. Et dussé-je travailler de longues années encore pour faire sauter en l'air, à l'aide de la poudre de Berthold, leur château fort, ainsi que nous avons fait pour le dragon, je ne me lasserai pas.

Mais Stammer, après lui avoir représenté l'impossibilité d'une telle entreprise, lui dit en riant :

— Mon ami, vous pouvez atteindre votre but plus facilement. Au lieu de chercher à faire sauter les rocs du Spielberg et du Schrekenstein, vous n'avez qu'à faire faire quelque gros mortier, vous le remplirez de poudre et de boulets, et vous les lancerez contre le château.

Cet avis, donné sans conséquence et comme une simple plaisanterie, donna lieu à des pensées sérieuses de la part de Job. Il médita l'entreprise, s'adjoignit des hommes intelligents, fit des essais qui furent en partie couronnés de succès; puis il soumit au magistrat ses expériences.

Celui-ci considéra avec admiration les armes à projectiles. C'étaient des mortiers ordinaires posés sur de gros madriers, et qui y étaient fixés par des chaînes de fer. Pour mettre, sans danger, le feu à la charge qu'ils contenaient, Job avait pratiqué à l'extrémité inférieure du mortier un petit trou communiquant avec l'intérieur. Ce trou était lui-même rempli de poudre lorsqu'on voulait produire une explosion au moyen du mortier.

Avec une livre de poudre, une pierre ou un globe de fer lancé du mortier à une hauteur extraordinaire, décrivait en l'air une vaste parabole, et retombait avec une force immense.

Job avait donné à un autre mortier la forme allongée et cylindrique d'un tube, et afin de mettre plus facilement en jeu ce lourd fardeau, il l'avait placé sur des roues. Cette machine lançait sa charge dans une direction horizontale, et manquait rarement son but.

Comblé partout d'honneurs et de louanges, Job

allait de ville en ville, afin de ramasser l'argent nécessaire pour l'exécution du projet qu'il méditait depuis longtemps, et afin de gagner des partisans, et de les associer à son entreprise.

Au bout de quelques années, il fit une campagne avec six pièces d'artillerie et un corps d'hommes d'armes contre le château des brigands. Les chevaliers, orgueilleux et hautains parce qu'ils se croyaient inexpugnables, virent avec effroi battre et brûler leurs deux repaires et s'écrouler leurs formidables murailles qui les ensevelirent eux-mêmes sous leurs décombres. Une crainte salutaire s'empara d'eux, et détermina ceux qui ne furent pas tués à ne plus exercer à l'avenir leurs infâmes brigandages. Le repos et la sécurité revinrent dans le pays. Le marchand pouvait, sans crainte, parcourir les routes pour les affaires de son commerce.

Les autres gentilshommes qui se faisaient entre eux une guerre de bandits, reconnurent aussi que désormais leurs châteaux forts ne pouvaient plus les mettre à l'abri de la juste punition de leurs méfaits. Ils quittèrent leurs rocs inaccessibles pour s'établir au milieu de leurs vassaux. Alors ils se bâtirent de belles résidences, où ils se firent aimer des hommes dont ils se rapprochaient, qu'ils n'avaient jusque-là connus que de loin, et considérés assez généralement que comme leurs bêtes de somme. Bien plus : ils devinrent leurs protecteurs, parce qu'ils avaient reconnu que l'amour des vassaux est le plus puissant rempart contre les attaques des ennemis.

Dans l'art de la guerre, l'invention de la poudre opéra également une révolution complète. Jusque-là la force du corps et le courage personnel avaient seuls la victoire dans les batailles. Maintenant, au contraire, tout fut soumis aux conceptions du génie, aux facultés éminentes des généraux, sans que ceux-ci dussent être plus vigoureux que leurs subordonnés.

La poudre à canon servit à faire sauter des masses de rochers qui présentaient des obstacles insurmontables au courant des fleuves et à la navigation. On l'employa encore dans les travaux des mines pour l'extraction des métaux, dont l'esprit infatigable de l'homme a tiré un si grand parti. Le navigateur en détresse fait usage de la poudre à canon pour tirer le coup d'alarme, pour appeler de loin des secours sans lesquels il périrait. Le canon signale encore aux riverains d'un fleuve le moment de la débâcle des glaces ou celui d'une inondation. La poudre atteint le gibier fugitif, va frapper l'oiseau dans l'air, et nous affranchit du voisinage dangereux des animaux féroces. Favorable au plaisir des regards, elle nous réjouit les jours de fête sous la forme féerique de feux d'artifice, et est aussi le prompt message d'une joie générale.

Aucune pierre philosophale, aucune teinture d'or n'aurait pu procurer au genre humain de plus grands avantages que l'invention de la poudre ; et quel que soit l'abus qu'en peut faire la main des hommes méchants qui gâtent tout ce qu'ils touchent, comme les harpies dont parle Virgile, cela ne saurait amoindrir sa valeur.

Le salpêtre, le soufre et le charbon sont presque nuls et sans puissance quand ils sont séparés. Mais quand ils sont unis, quelle force ils possédent ! C'est pourquoi, chère jeunesse, le grand fabuliste a dit dans un de ses philosophiques et délicieux apologues :

Soyez unis, vous serez forts.

L'auteur croit devoir ajouter ici quelques mots à l'histoire qui précède. Il a peint à ses jeunes lecteurs les anciens temps avec leur ignorance et leurs défauts; mais il l'a fait dans l'intention louable de leur apprendre à connaître, de leur faire aimer l'époque où nous vivons, malgré sa manie très condamnable des révolutions.

Le dragon, tel qu'il l'a décrit, n'a réellement jamais existé; mais, en revanche, il exista un autre monstre, non moins vorace, qui ne vivait que de victimes humaines, et que plusieurs siècles n'ont pu assouvir! Ce dragon aux mille têtes s'appelait la féodalité. L'invention de la poudre à canon, en faisant une révolution totale dans l'art de la guerre, donna le coup mortel à ce monstre; mais l'une de ses filles, l'ignorance, n'a pu être encore exterminée. A la vérité, elle a rencontré à différentes époques de courageux adversaires; mais, isolés, ils furent vaincus, ils devaient l'être. A la poudre noire, non à la poudre à canon, mais au noir d'imprimerie, il sera donné de porter les derniers coups au monstre. L'imprimerie, étroitement alliée avec la plume des écrivains honnêtes, augmente de jour en jour sa puissance, et les temps ne sont pas loin peut-être où la plume abattra les obstacles qui avaient résisté au canon et aux armes à feu. — Aidons-nous tous, soyons unis, nous vaincrons cette vieille et terrible ennemie. Concourons tous à détruire par les œuvres de l'esprit l'ignorance et les maux qu'elle engendre, afin que la terre, ainsi que l'a voulu, en la créant, notre bon Père qui est dans le Ciel, devienne de jour en jour davantage une vallée d'allégresse.

FIN DU PETIT MUET DE FRIBOURG.

LA FÉE DU SUREAU.

LA FÉE DU SUREAU.

Il y avait une fois un petit garçon qui était sorti et qui avait eu les pieds mouillés. Cependant personne ne pouvait deviner comment cela s'était fait, car le temps était très sec. Alors sa mère le déshabilla et vous le mit au lit, puis elle apporta la théière afin de lui préparer une bonne tasse de sureau bien chaude. A ce moment, un bon vieux monsieur se montra sur le seuil de la porte. Ce bon vieux monsieur habitait tout seul dans les combles de la maison, car il n'avait ni femme ni enfants. En revanche, il aimait tant les enfants des autres et il leur racontait toujours tant de contes de fées et de si jolies histoires, que c'était pour eux une véritable fête que de l'écouter.

— Allons, mon enfant, prends cette tasse de sureau tandis qu'elle est bien chaude, disait la mère, et peut-être quelqu'un te racontera-t-il une histoire...

— Oui, si j'en savais une nouvelle, ajouta le bon vieux monsieur en faisant avec sa tête un petit signe d'amitié. Mais où notre petit garnement s'est-il donc ainsi mouillé les pieds? demanda-t-il.

— Ah! voilà ce que personne ne peut savoir de lui, repartit la mère.

— Me raconterez-vous une histoire? demanda l'enfant.

— Oui, mais à la condition que vous me direz bien précisément quelle est la profondeur du ruisseau qui coule au milieu de la rue où est située votre école. Il faut absolument que je le sache d'abord.

— Ah! mon Dieu, juste à moitié de mes brodequins, répondit l'enfant.

—Ah! ah! nous le tenons enfin! Voilà justement comment on se mouille les pieds, dit le bon vieux monsieur. Maintenant je vous devrais assurément une histoire, mais je n'en sais plus du tout.

— Bah! repartit l'enfant, vous pouvez en faire une à la minute. Maman dit que vous êtes capable de faire une histoire avec tout ce que vous voyez, et de trouver un conte dans tout ce que vous touchez.

— Oui; mais des histoires comme ça ne valent pas grand'chose. Non, voyez-vous, les bonnes viennent d'elles-mêmes; elles font comme cela sur mon front, top! top! et puis elles disent : Nous voilà!

— Alors, feront-elles bientôt top! top! demanda l'enfant.

Sa mère se prit à rire. Elle mit des fleurs de sureau dans la théière et versa dessus de l'eau bouillante.

— Oh ! une histoire ! une histoire ! cria l'enfant.

— Oui, si un joli conte venait ainsi de lui-même ! Un conte comme celui dont nous avons besoin en ce moment est toujours chose embarrassante. Il ne vient jamais que lorsque cela lui plaît. Mais écoutez donc un peu, ajouta tout à coup le bon vieux monsieur. Ah ! nous en tenons un à cette heure. Il est précisément au fond de cette théière.

Et le petit garçon regarda avec une inquiète curiosité du côté de la théière. En effet, le couvercle de cette théière se souleva alors peu à peu, puis toujours davantage, et des fleurs de sureau en sortirent toutes fraîches et toutes blanches, qui étendirent au loin de longues branches. Il en sortit même par le bec de la théière, qui se répandirent de tous côtés en y devenant de plus en plus grandes et belles. La magnifique touffe de sureau que cela faisait ! C'était même un grand et bel arbre, quand il s'approcha du lit et en tira les rideaux de côté. Quelles belles fleurs c'étaient donc là, et quelle douce senteur elles exhalaient! Au milieu de l'arbre était assise une vieille femme avec une bonne figure souriante et avenante, mais fort singulièrement vêtue. En effet, tout son habillement était de couleur verte; on eût pu croire qu'il se composait de feuilles de sureau. Il était d'ailleurs parsemé de grandes fleurs blanches, et on ne pouvait pas tout de suite discerner s'il était d'étoffe de soie, ou bien s'il ne se composait réellement que de feuilles et de fleurs de sureau.

— Comment s'appelait cette dame ? demanda le petit garçon.

— Les Grecs et les Romains, répondit le bon vieux monsieur, l'appelaient Dryade ; mais nous ne pouvons rien comprendre à un nom pareil, nous autres. Notre peuple navigateur de Copenhague lui en a trouvé un bien meilleur, il l'appelle la Fée du Sureau, et c'est à elle que vous devez penser. Écoutez maintenant et regardez ce magnifique sureau.

Il y a précisément dans le quartier de Copenhague qu'on appelle Nyboder un grand arbre tout fleuri comme celui-là. Il a d'abord poussé dans le coin d'une petite et humble tour. Par une belle après-midi, alors que le soleil projetait encore ses plus éclatants rayons, deux vieilles gens étaient assis sous l'ombre de cet arbre. C'étaient un vieux, très vieux marin, et sa femme, presque aussi vieille que lui. Ils avaient des petits-enfants et des arrière-petits-enfants, et étaient à la veille de célébrer le cinquantième anniversaire du jour où ils avaient été unis au pied de l'autel. Cependant ils ne pouvaient pas s'en rappeler bien précisément la date. Et la Fée du Sureau était assise dans l'arbre, qui vous les regardait d'un air aussi avenant, aussi souriant qu'elle nous regarde en ce moment. « Je sais fort bien, moi, quand vient ce jour-là, » dit-elle; mais les vieux époux ne purent pas l'entendre, tant ils étaient occupés à parler du bon vieux temps.

— Ah! t'en souviens-tu? comme nous courions et comme nous jouions ensemble, quand nous étions petits. C'était dans cette même tour où nous voilà assis maintenant. Nous plantions de petites branches en terre et nous faisions des jardins...

— Oui, répondit la vieille femme, je m'en souviens parfaitement. Et nous arrosions ces petites branches vertes, parmi lesquelles une fois il s'en trouva une plus vigoureuse et plus âgée que les autres, qui prit bel et bien racine où nous l'avions plantée, qui poussa de belles branches vertes et qui a fini par devenir le grand arbre sous lequel nous voilà assis tous deux, aujourd'hui que nous sommes devenus de vieilles gens.

— Ah! c'est bien cela! Et dans le coin de la cour il y avait un cuvier tout rempli d'eau sur lequel je faisais nager mon vaisseau. C'était moi-même qui l'avais construit avec mon couteau. Comme il naviguait bien ! Mais à quelque temps de là, je dus aussi aller moi-même naviguer et d'une toute autre façon !

— Mais auparavant nous étions allés à l'école, et nous y avions appris quelque chose, dit la vieille femme. Après quoi, nous avions fait notre première communion. Comme nous avons pleuré ce jour-là tous deux ! Et t'en souvient-il que le soir nous sommes montés à la Tour-Ronde en nous tenant par la main, et que de là nous avons aperçu tout Copenhague et la mer au loin. Ensuite nous sommes allés à Fredericksberg où le roi et la reine se promenaient dans une magnifique barque, sur les différentes pièces d'eau du parc.

— C'est vrai ! Mais il m'était réservé à moi de naviguer d'une bien autre façon, pendant bien des années, et aussi pendant de bien longs voyages.

— Ah ! oui ; combien de fois je t'ai pleuré !

Je te croyais mort depuis longtemps, et je voyais dans mes songes les vagues qui venaient laver ton corps rejeté sur le rivage par la tempête. Que de fois la nuit je me suis levée de mon lit pour aller voir si la girouette avait changé de côté! Ah! elle tournait bien; mais tu n'arrivais pourtant jamais! Oh! il y a surtout un jour dont je me souviens bien. Il pleuvait par torrents; le veilleur de nuit venait de passer la porte de la maison où j'étais en service, et j'étais descendue pour aller vider dans la rue le panier aux ordures. J'étais déjà à la porte. O l'affreux temps qu'il faisait! Et pendant que j'étais là, quel autre que le facteur pouvait venir? Il me remit une lettre; elle était de toi! En avais-tu fait de ces tours et retours! Je l'ouvris bien vite et la lus. Je pleurais et riais tout à la fois de joie. Elle m'apprenait que tu étais dans les pays chauds, là où croît le café. — Ce doit être tout de même un bien beau pays! Tu m'en disais! tu m'en disais! Et pendant ce temps-là, je restais plantée avec mon panier d'ordures à la main, et la pluie continuait à tomber par torrents. Tout à coup quelqu'un me prend par la taille.....

— Oui, et tu vous lui baillès à l'instant même sur les oreilles la plus belle taloche qu'on ait jamais reçue. Il me semble qu'elles m'en tintent encore....

— Mais aussi, c'est que je ne pouvais pas savoir que c'était toi! Tu étais arrivé aussi vite que ta lettre. Que tu avais donc l'air gentil! Va, tu n'es pas du tout changé! Tu avais dans ta poche un grand mouchoir de soie jaune, et un beau chapeau bien ciré sur la tête! Que tu avais donc l'air galant! O l'affreux temps qu'il faisait ce soir-là, et dans quel état se trouvait la rue!

— Ensuite, tu dois te le rappeler, nous nous sommes mariés. C'est alors que nous avons eu notre aîné, et puis Metrie, et puis Niels, et puis Pierre, et puis Hans Christian.

— Oui, et quand ils ont grandi, tu sais comme

ils étaient bons et dociles; ce qui fait que tout le monde les aimait.

— Et leurs enfants, à eux, en ont eu aussi des enfants, de sorte que ce sont des arrière-petits-enfants, dit le vieux marin. — Mais, dis-donc, ma bonne Gertrude, si j'ai bonne souvenance, c'est à peu près vers temps-ci de l'année que nous nous sommes mariés.

— Oui; c'est aujourd'hui le cinquantième anniversaire de vos noces, dit alors la Fée du Sureau en passant tout à coup sa tête entre les deux époux. Ils s'imaginèrent que c'était leur voisin qui leur faisait de la tête un signe d'amitié, et ils se prirent l'un l'autre par la main. Bientôt après arrivèrent leurs enfants et les enfants de leurs enfants; ils savaient parfaitement, eux, que c'était aujourd'hui le cinquantième anniversaire du mariage, le jour des noces d'or. Déjà le matin ils étaient venus offrir leurs vœux et leurs félicitations au vieux couple; mais les bonnes vieilles gens l'avaient parfaitement oublié, tandis qu'ils se rappelaient si parfaitement tout ce qui s'était passé tant d'années auparavant. Et le sureau exhalait une si douce senteur, et le soleil qui en ce moment descendait sous l'horizon projetait ses derniers rayons sur les visages des deux vieillards. Tous deux portaient la rouge empreinte de la santé; et les plus jeunes de leurs arrière-petits-enfants se mirent à danser autour d'eux, criant dans la joie de leurs cœurs qu'il y aurait le soir un fameux régal; qu'ils auraient à discrétion de bonnes pommes de terre cuites dans la cendre. Pendant ce temps, la Fée du Sureau, toujours juchée dans l'arbre, faisait avec sa tête des signes d'intelligence, et répétait les joyeuses acclamations de la petite bande.

— Mais ce n'est pas là un conte de fée, dit le petit garçon après avoir écouté l'histoire du bon vieux monsieur.

— Non certes pas, répondit le vieux monsieur; cependant interrogeons à ce sujet la Fée du Sureau.

— Ce n'était point un conte de fée, repartit la Fée du Sureau; mais à cette heure en voici un qui nous arrive. Le conte d'imagination le plus étrange provient souvent de ce qui est réel; sans cela ma magnifique touffe de sureau n'aurait jamais pu sortir de la théière.

Et alors elle prit le petit garçon hors de son lit, le plaça contre sa poitrine; aussitôt les branches de sureau, toutes chargées de fleurs, les enveloppèrent tous deux. Ils étaient assis là sous un superbe bosquet qui s'enleva avec eux dans les airs: ô la délicieuse chose que cela faisait! La Fée du Sureau s'était tout à coup changée en une jolie petite fille; mais sa robe était toujours de la même étoffe verte que celle de la vieille dame, et ornée aussi des mêmes fleurs blanches. Elle portait à son corsage une vraie fleur de sureau, et les boucles de ses bruns cheveux étaient entrelacées d'une guirlande de fleurs de sureau. Ses yeux étaient si grands, si bleus! Oh! c'étaient en vérité de bien beaux yeux ! Elle et le petit garçon s'embrassèrent, et comme ils étaient tous deux du même âge, ils éprouvaient tous deux les mêmes sensations de joie.

Ils se promenaient sous ce bosquet en se tenant tous deux par la main, et il semblait au petit garçon qu'il se trouvait dans le parterre fleuri sur lequel avait vue la maison paternelle. Près d'un arbuste était restée la canne de son père. Quel plaisir pour ces petits enfants que de jouer avec cette canne ! Puis, aussitôt qu'ils l'eurent enfourchée, la théière polie et luisante se transforma tout à coup en un beau cheval hennissant dont la longue crinière noire commença à flotter au gré de tous les vents, et quatre jambes maigres et vigoureuses se développèrent au même instant. Le cheval était ardent : ils firent le tour du parterre au galop.

— Bravo ! s'écria le petit garçon, nous allons à cette heure chevaucher pendant des lieues. Dirigeons-nous donc vers le château de ce riche seigneur chez lequel nous sommes allés l'an dernier.

Ils chevauchèrent ainsi tout autour du parterre, tandis que la petite folle, — qui, nous le savons, n'était autre que la Fée du Sureau, — criait toujours : « Maintenant nous voici dans la campagne. Voyez-vous d'ici la maison du fermier avec son immense four faisant saillie en dehors du mur, semblable à un œuf-monstre? Le sureau la couvre de ses branches. Et puis, voyez-vous le coq qui va et vient grattant partout pour ses poules? Regardez donc comme il est fier! Vous voici maintenant près de l'église. Elle est située au haut de la colline, près de deux grands chênes, dont l'un est déjà à moitié dévoré par le temps! Ah! nous arrivons à présent à la forge où le feu est toujours si ardent, où des hommes à moitié nus jouent du marteau à tour de bras, et envoient tout autour d'eux une pluie d'étincelles. Allons, allons toujours jusqu'au château de ce riche seigneur! »

Et tous les objets que lui désignait la petite fille, tandis qu'elle était assise derrière lui à califourchon sur la canne, passaient rapidement devant ses yeux. Le petit garçon distinguait tout cela parfaitement, et cependant toute leur longue course se réduisait à faire le tour du parterre. Ils jouèrent ensuite dans l'allée latérale, puis y firent un petit jardin avec du sable. La petite fille détacha de ses cheveux un bouquet de fleurs de sureau et l'y planta, et elles poussèrent comme avaient fait celles de la cour de Nyboder, dont avaient parlé les deux bonnes vieilles gens. Ils se promenaient en se tenant par la main, comme avait fait le vieux couple dans sa jeunesse; mais ils ne montèrent pas à la Tour-Ronde et n'allèrent pas non plus au parc de Frederiksberg. Non, la petite fille attacha son petit compagnon de jeux à sa ceinture, et tous deux s'envolèrent bien loin, bien loin, à travers le pays. Le printemps vint et l'été aussi, puis le temps de la moisson et ensuite l'hiver. Le petit garçon saisissait des milliers d'images par le cœur et par les yeux, tandis que la petite fille chantait toujours.

— N'oubliez jamais ceci!

Et pendant toute leur course aérienne, le sureau exhalait une si douce, une si délicieuse senteur! L'enfant pouvait parfaitement discerner l'odeur des roses et celle des hêtres, mais le parfum du sureau l'emportait, car ses fleurs fleurissaient sur le cœur de son compagnon de jeux, là où aussi, pendant son voyage aérien, sa tête s'était souvent reposée.

— Comme c'est beau ici au printemps! dit la petite fille, car ils se trouvaient en ce moment dans une forêt de hêtres où les arbres commençaient à bourgeonner, où le trèfle verdoyant s'étendait à leurs pieds en répandant une douce senteur, tandis que l'anémone à la fleur rouge et pâle leur souriait tendrement à travers les feuilles. Oh! pourquoi le printemps n'est-il pas éternel sur cette terre odorante du

Danemark, où le hêtre croît si admirablement!

— Comme c'est délicieux ici en été! dit-elle.

Et ils passèrent au-dessus de vieux châteaux féodaux, dont les murailles rougeâtres et les toitures dentelées se réfléchissaient dans les fossés et dans les pièces d'eau situées tout à l'entour, et où nageaient gracieusement de nombreux cygnes au plumage d'une éclatante blancheur, qu'on apercevait aussi quelquefois errant à travers les ombreuses avenues. Dans les champs le blé ondoyait comme un lac dont le vent agite les eaux. Dans les plates-bandes croissaient de belles fleurs jaunes et rouges, et autour des haies grimpaient des convolvulus tout en fleur et du houblon sauvage. Le soir, la lune se leva radieuse et grande, tandis que le foin des prairies exhalait sa douce senteur. Oh! voilà ce qu'on ne peut jamais oublier!

— Comme c'est beau ici en automne! dit la petite fille.

Le ciel était deux fois plus bleu qu'auparavant,

et la forêt avait revêtu les teintes rougeâtres, jaunâtres et verdâtres les plus charmantes. Les chiens s'en allaient au loin avec une inquiète ardeur, tandis que de nombreuses troupes de gibier à plume volaient au-dessus des bois et des rochers couverts de mousse en poussant des cris d'effroi. La mer offrait une teinte bleu foncé que relevait la blancheur des voiles qui la sillonnaient dans toutes les directions; et dans les granges, de vieilles femmes étaient occupées avec de jeunes enfants à éplucher du houblon. Ceux-ci chantaient de gaies chansons, tandis que celles-ci racontaient des histoires de lutins et de sorciers. Était-il possible de voir une scène plus heureuse que celle-là?

— Comme c'est beau ici en hiver! dit la petite fille.

Tous les arbres étaient couverts de frimas, tellement qu'ils ressemblaient à de blanches bandes de corail. La neige craquait sous les pieds absolument comme lorsqu'on a des bottes neuves, et de petites étoiles filantes tombaient à chaque instant du ciel. Dans les maisons, l'arbre de Noël était dressé, car alors était arrivée l'époque de l'année où chacun a la joie sur les traits et où on se fait réciproquement des présents. Le violon retentissait sous le chaume du paysan, qui se régalait avec la fine oie rôtie, bourrée de pommes et de pruneaux, et l'enfant du plus pauvre s'écriait : « C'est tout de même bien beau en hiver! »

Oui, c'était bien beau; et la petite montrait tout cela au petit garçon; et le sureau répandait toujours son parfum, tandis que le pavillon rouge avec la croix blanche, le pavillon sous lequel le vieux matelot de Nyboder avait navigué, flottait toujours agité par la douce brise. Le petit garçon devint alors un beau jeune homme. Il lui fallut partir pour un lointain voyage, pour aller dans les chaudes contrées où croît le café. Au moment de son départ, la petite fille prit quelques-unes des fleurs de sureau qu'elle portait à son corsage, et les lui donna en lui recommandant de les bien conserver pour l'amour d'elle. Il les plaça dans son livre de prières; et, dans les pays étrangers, toutes les fois qu'il lui arrivait de l'ouvrir, c'était toujours à la place où se trouvaient les fleurs de souvenir; plus il les contemplait alors, et plus elles lui paraissaient fraîches et belles. Aussi en aspirait-il l'odeur qui lui rappelait la douce senteur des forêts du Danemark; il apercevait alors très distinctement la jeune fille qui le regardait à travers les feuilles de la fleur avec ses grands yeux bleus, et il pouvait l'entendre lui dire à voix basse : — Comme c'est donc beau ici au printemps, en été, en automne et en hiver! Tandis que des centaines d'images d'êtres et d'objets chéris, bien conservés dans sa mémoire, voltigeaient devant lui.

Beaucoup d'années se passèrent de la sorte; et il se trouva qu'il était maintenant devenu à son tour un vieillard. Alors il était assis avec sa vieille femme sous le sureau fleuri. Ils se tenaient tous deux par la main, comme faisaient à Nyboder leur arrière-grand-père et leur arrière-grand'mère; et comme eux aussi, ils parlaient du bon vieux temps, et de l'heureux jour qu'ils célébraient en ce moment, le cinquantième anniversaire de leur mariage; tandis que la petite fille aux grands yeux bleus et à la chevelure ornée de fleurs de sureau était assise dans l'a bre au-dessus de leurs têtes. Elle leur faisait de petits signes d'amitié et d'intelligence, tout en leur disant : — C'est aujourd'hui le cinquantième anniversaire de votre mariage. A ce moment, elle prit deux fleurs de sa ceinture, et les baisa. D'abord elles brillèrent comme de l'argent, puis après comme de l'or; et quand elle les plaça sur la tête des deux vieillards, chacune de ces fleurs devint une couronne d'or. Ils étaient donc là comme un roi et une reine, assis à l'ombre de l'arbre odoriférant qui, pour tout le monde, avait l'air d'un sureau; et le vieux homme raconta à sa vieille femme l'histoire de la Fée du

Sureau, comme on la lui avait racontée alors qu'il était encore tout petit enfant. Tous deux pensèrent qu'il y avait dans cette histoire beaucoup de choses qui leur étaient arrivées à eux-mêmes; or, c'était là précisément ce qui leur faisait le plus de plaisir.

— Oui, c'est comme cela! dit la jeune fille placée dans l'arbre. Les uns m'appellent la Fée du Sureau, et d'autres Dryade; mais mon nom véritable est Souvenance. C'est moi qui habite cet arbre et qui le fais toujours, toujours grandir. Oh! c'est moi qui sais regarder le passé et raconter des histoires! Voyons un peu si vous avez toujours conservé votre fleur!

Le vieillard ouvrit alors son livre de prières. La fleur de sureau y était encore, aussi fraîche que s'il l'y avait placée le jour même; et Souvenance se prit à sourire, tandis que le vieux couple, toujours les couronnes d'or sur la tête, était tranquillement assis, contemplant les feux rougeâtres du soleil couchant. Alors, ils fermèrent les yeux, et — et... Ah! ma foi, l'histoire finit là.

Le petit garçon était couché dans son lit. Il ne savait pas trop si ç'avait été un rêve, ou bien si réellement quelqu'un venait de lui raconter cette histoire. La théière était toujours sur la table; mais il n'en vit plus sortir un sureau tout en fleur; et le bon vieux monsieur, qui venait de parler, tenait juste en ce moment le bouton de la porte pour s'en aller. C'est aussi ce qu'il fit.

— Comme c'était joli! dit alors le petit garçon; maman, j'ai été dans les pays chauds!

— Oui, il n'y a pas le moindre doute, répondit la mère, quand on a bu deux bonnes tasses de thé de sureau, on ne tarde pas à se sentir dans les pays chauds; et en disant cela, elle ramena encore la couverture plus près de sa tête afin qu'il n'attrapât pas froid. J'imagine que tu auras dormi, pendant que je disputais avec lui pour savoir si c'était là une histoire véritable ou bien inventée à plaisir.

— Et où est la Fée du Sureau? demanda le petit garçon.

— Dans la théière, répondit la mère, et laisse l'y tranquille un instant.

FIN DE LA FÉE DU SUREAU.

L'AVEUGLE ET LE SOLDAT.

L'AVEUGLE ET LE SOLDAT.

Le père Thomas, aveugle depuis vingt ans, était vieux, cassé, et la pauvreté venait encore ajouter à ses maux. Depuis l'accident qui l'avait privé de la vue, il ne pouvait travailler, et il était obligé de mendier pour avoir du pain. Assis toute la journée au pied d'un arbre, en dehors de la porte de la ville, il avait à supporter le froid, la chaleur, et bien souvent la faim, car peu de personnes donnaient à l'aveugle. Habitués à voir sa misère, les passants y étaient devenus indifférents, et, quoique l'endroit qu'il avait choisi fût très fréquenté, il avait beaucoup de peine à recueillir de quoi soutenir sa pauvre existence.

17.

Ce qui rendait le père Thomas doublement à plaindre, c'est qu'il ne connaissait pas Dieu : il murmurait contre lui, se plaignait de son sort, et durant les longues et nombreuses journées qu'il passait dans l'inaction et la souffrance, pas une seule pensée de paix et d'espérance chrétiennes ne venait réjouir son cœur.

Un jour qu'il faisait une chaleur extrême, Thomas, plus abattu et plus disposé à se plaindre qu'à l'ordinaire, gémissait amèrement sur sa destinée. Un soldat blessé, qui regagnait son village en se traînant avec peine, arriva près de l'arbre dont l'ombrage garantissait Thomas de l'ardeur du soleil. Il s'arrêta, s'essuya le front, puis s'approchant, il dit :

— Dieu vous bénisse, mon frère. Voulez-vous que je m'asseoie à côté de vous? J'ai fait une longue route et j'ai besoin de me reposer.

Thomas, étonné, répondit :

— Sûrement, asseyez-vous, le grand chemin est à tout le monde. Mais qui êtes-vous?

— Je suis soldat. Blessé à la dernière bataille, je retourne à mon village, où, si Dieu le permet, je compte arriver ce soir. J'avance lentement, et je suis si fatigué que je vais me reposer ici un instant.

Il s'assit en disant ces mots, ôta son bonnet, posa son havresac à côté de lui, et, regardant le vieux Thomas avec compassion, il lui dit :

— Vous êtes aveugle, mon pauvre frère; que Dieu soit avec vous, pour vous aider à supporter ce malheur.

— Dieu n'a guère été avec moi quand cet accident m'est arrivé, dit Thomas avec amertume, et je ne m'aperçois pas qu'il soit jamais avec moi, car je souffre, je suis misérable, je manque de tout. Dieu est sûrement injuste à mon égard.

— Oh! ne dites pas cela; je vois que vous ne connaissez pas encore sa bonté, sa miséricorde, sa justice. Voulez-vous que je vous raconte ce qu'il a fait pour moi?

Thomas y consentit, pensant que ce récit le

désennuierait un peu, et le soldat commença ainsi :

« Je suis soldat depuis vingt ans. Mes bons et pieux parents avaient mis tous leurs soins à m'élever dans la crainte de Dieu; mais mon cœur, mauvais et rebelle, ne goûtait ni leurs instructions, ni leurs bons exemples. J'étais léger, menteur, je ne priais jamais.

« Quand le sort me désigna pour partir, mes parents pleurèrent beaucoup en pensant aux dangers que j'allais courir et à la mauvaise compagnie dont je serais entouré. Ils me donnèrent bien des conseils, et me recommandèrent surtout de ne point passer un seul jour sans prier Dieu.

« La veille de mon départ, au moment de la prière commune, mon père demanda d'une manière si touchante à Dieu de me maintenir dans la bonne voie où il me croyait, que pour la première fois je fus ému, et je reçus avec une grande abondance de larmes la bénédiction de mes chers parents.

« Quand je fus dans ma chambre, je pensai plus sérieusement que je ne l'avais encore fait au nouvel état que j'allais embrasser, aux dangers que j'allais courir, à la mort qui pouvait me frapper d'un moment à l'autre. J'avais le cœur serré, et cependant j'allais me coucher sans demander à Dieu de me protéger, lorsque j'entendis la voix de mon père.

« Les cloisons de nos cabanes sont bien minces; je m'approchai de celle qui séparait ma chambre de celle de mes parents, et, à travers une petite fente, je les vis à genoux. Mon père priait à haute voix pour moi, et, lorsqu'il eut fini, ce fut le tour de ma mère. Jamais je n'oublierai les supplications de cette tendre mère.

« Les impressions que je venais de recevoir s'effacèrent bientôt au milieu du bruit et de la licence de la vie militaire. Peu de temps après mon arrivée au régiment, nous partîmes pour les pays étrangers.

« Je recevais assez régulièrement des nouvelles de mes parents; leurs lettres, toujours pleines de conseils chrétiens et de témoignages d'amour, venaient me troubler au milieu de mes désordres. Je ne faisais jamais mes prières que durant les premiers jours qui se passaient après avoir reçu mes lettres; depuis le matin jusqu'au soir, j'étais occupé, ou des devoirs de mon état, ou à jouer ou à boire.

« Je ne m'étais pas encore battu; j'attendais ce moment avec impatience, quoiqu'une voix secrète me dît que le jour de la bataille pouvait être le dernier de ma vie. Il ne tarda point à arriver. Nous passâmes sur pied toute la nuit qui le précéda, en attendant l'ennemi à chaque instant. Le plus profond silence nous était recommandé; tous étaient immobiles appuyés sur leurs fusils.

« Je remarquai, non loin de moi, un vieux soldat dont la figure vénérable m'avait déjà frappé plus d'une fois. Ses yeux se dirigeaient de temps à autre vers le ciel; il semblait prier et profiter du silence de la nuit pour élever son âme à Dieu.

« Vers le matin, l'ennemi parut. Étourdi par le bruit du canon, aveuglé par l'épaisse fumée qui m'environnait, je me battis avec courage. J'oubliai tout, et ne prêtai l'oreille qu'aux commandements de mes chefs. Mes amis, mes camarades tombaient autour de moi, les uns morts, les autres blessés. François, celui de tous que je préférais, tomba baigné dans son sang ; en mourant, il me manifesta un regret si vif d'avoir abandonné Dieu pendant sa vie, que, hors de moi, je me jetai sur ce corps privé de vie en m'écriant :

« O mon Dieu ! rendez-moi chrétien !

« Je sentis dans ce moment quelqu'un me frapper sur l'épaule ; je tournai la tête, c'était le vieux soldat. »

— « Mon ami, dit-il, ne faites pas seulement cette prière à l'heure du danger ; mais demandez à Dieu, en tout temps, qu'il sauve votre âme ;

alors la mort ne vous semblera plus à craindre.»

En ce moment, un des passants qui sortaient de la ville jeta un sou dans le chapeau de l'aveugle.

— Dieu vous le rende, dit celui-ci, et il ajouta, en s'adressant au soldat : — Continuez, je vous prie, votre histoire ; elle m'intéresse beaucoup.

« Les jours qui suivirent la bataille se passèrent pour moi dans la tristesse. La mort de mon ami et le souvenir de mes fautes passées me remplissaient de trouble. Je voulus d'abord chasser ces pensées pénibles qui me rendaient malheureux, et reprendre mon ancien train de vie; mais le remords me poursuivait et gâtait toutes mes fausses joies.

« Le vieux soldat dont je vous ai déjà parlé me voyant un jour assis les bras croisés et fort triste, vint à moi et me dit avec amitié :

— « Eh bien, mon camarade, qu'avez-vous? voyons, contez-moi vos peines. »

« Je le regardai d'abord avec méfiance ; la bonté et la cordialité de ses manières finirent cependant par m'engager à lui ouvrir mon cœur. J'en avais besoin. Ses pieuses exhortations, aidées de la grâce de Dieu, me ramenèrent entièrement dans la bonne voie, et depuis cette époque j'ai joui d'un calme, d'un bonheur parfaits. »

Quand le soldat eut fini, Thomas resta quelque temps sans parler. Il semblait agité ; mais sa figure n'avait plus cette expression d'aigreur et d'ennui qui lui était habituelle. Il dit enfin avec douceur :

— Monsieur le soldat, votre départ m'afflige infiniment ; vous me faites du bien. Hélas ! que vais-je devenir quand je serai de nouveau seul ? Je vous en prie, ne me quittez pas encore.

Le soldat, ému, tira de son havresac un Nouveau Testament qu'il portait toujours avec lui :

— Je ne vous laisserai pas seul, mon cher

ami, dit-il; voici la sainte parole de Dieu qui vous montrera la voie du salut. Mais vous êtes aveugle, comment faire? Attendez, je vois tout près de vous un pauvre estropié qui demande aussi l'aumône; s'il sait lire, pourquoi ne viendrait-il pas s'asseoir ici pour vous faire la lecture de ce livre saint?

Le soldat se leva et alla vers l'estropié. Celui-ci fut surpris de sa demande; mais le soldat avait l'air d'un si brave homme, il lui parla avec tant de cordialité, qu'il consentit à sa proposition. Il alla sur-le-champ s'asseoir auprès de Thomas. Le soldat remit le Nouveau Testament à l'estropié, en lui recommandant avec instance d'en faire la lecture à Thomas.

Quelques semaines après, le soldat repassa dans le même lieu en retournant à son régiment. Il ne vit plus que l'estropié, et s'approcha de lui en demandant des nouvelles de Thomas. Il apprit alors que huit jours auparavant l'aveugle était mort dans les sentiments les plus édifiants.

— Il m'a laissé son livre, ajouta l'estropié, et maintenant j'y cherche aussi des consolations et des lumières.

FIN DE L'AVEUGLE ET LE SOLDAT.

TABLE DES MATIÈRES.

TABLE DES MATIÈRES.

FIN DE LA TABLE.

Paris. — Imp. de Gustave GRATIOT, rue de la Monnaie, 11.

OUVRAGES

DE GUSTAVE NIERITZ

FORMAT PETIT IN-8°.

Chaque volume est illustré de 8 lithographies à deux teintes par Derancourt. — Broché, gravures noires. . . . . . . 3 fr. 50
Broché, gravures coloriées. . . . . 4 fr. 25

VOLUMES PUBLIÉS.

PIERRE ET PAULINE, ou le Quatrième Commandement. 1 vol.

LES ENFANTS D'ÉDOUARD, ou le Cinquième Commandement. 1 vol.

L'AMOUR D'UNE MÈRE, ou les Dangers d'une grande ville. 1 vol.

LES DADAS, ou les Effets de la trahison. 1 vol.

LES ÉMIGRANTS. 1 vol.

L'ENFANT TROUVÉ, ou l'École de la vie. 1 vol.

AUGUSTE, ou le Petit Tambour d'Allemagne. 1 vol.

RAPHAEL, ou l'Enfant aveugle. 1 vol.

LE PETIT MUET DE FRIBOURG, ou le Pèlerin et le Dragon. 1 vol.

Sous presse :

TOM ET BETTY, ou la Découverte de la Vaccine. 1 vol.

LE SIFFLET MAGIQUE, ou les Enfants de Hameln. 1 vol.

LES OURS D'AUGUSTUSBOURG. 1 vol.

LE FORGERON DE RUHLA. 1 vol.

LE SIÉGE DE MAGDEBOURG. 1 vol.

LES HONGROIS, ou la Bataille de Mersebourg. 1 vol.

BÉLISAIRE. 1 vol.

OUVRAGES NOUVEAUX.

LE VOYAGEUR DE LA JEUNESSE dans les Cinq Parties du Monde, contenant la description géographique et pittoresque des divers pays, l'esquisse des mœurs de chaque peuple ; le tableau des religions et des gouvernements ; l'historique rapide des principaux états ; des détails ethnographiques sur les races humaines ; l'indication des produits agricoles et industriels des diverses contrées de la terre ; et la peinture des merveilles de la nature et de l'art ; par MM. Champagnac et Olivier. 1 magnifique volume grand in-8° jésus de 650 pages, illustré par MM. Rouargue frères, de 6 vues sur acier des principales capitales du monde et de 16 gravures de costumes coloriées au pinceau. 1851. — Broché. . 20 fr.

LE BUFFON DE LA JEUNESSE — Zoologie, Botanique, Minéralogie — par P. Blanchard ; revu, corrigé et considérablement augmenté par M. le docteur Chenu. Un beau volume grand in-8° jésus, de 624 pages, illustré de 100 planches en dehors du texte, contenant plus de 400 sujets d'histoire naturelle, dessinés et gravés par nos meilleurs artistes. — Broché, gravures noires. . . . 16 fr.

— Avec les gravures soigneusement coloriées. . 28 fr.

AVENTURES DES VOYAGEURS, Coup d'œil autour du monde, par M. Hombron, l'un des compagnons de M. Dumont d'Urville dans son voyage au pôle sud et en Océanie, pendant les années 1837 à 1840. Ouvrage imité de P. Blanchard. 2 volumes grand in-8°, illustrés de 40 dessins de V. Adam. — Brochés. . . . 20 fr.

LE PLUTARQUE DE LA JEUNESSE, Abrégé des Vies des plus Grands Hommes de toutes les Nations, par P. Blanchard. Nouvelle édition soigneusement corrigée et augmentée par un Professeur de l'Université. 1 beau volume grand in-8°, illustré de 180 portraits. — Broché. . . . . 10 fr.

ELDA DE KÉRÉNOR, par madame Tarbé des Sablons. 1 beau volume grand in-8°, illustré de 16 lithographies à deux teintes par Alophe. — Broché. . . . . 10 fr.

LES CONFESSIONS D'UN ÉCOLIER, recueillies et mises en ordre par M. Alex. de Saillet. 1 volume grand in-8°, illustré de 12 lithographies à deux teintes. — Broché. . . . . 8 fr.

SOIRÉES D'HIVER, — Souvenirs et Nouvelles, — par madame Louise Bernier. 1 beau volume grand in-8°, sur papier vélin glacé, illustré de 12 belles lithographies à deux teintes par Victor Adam. Broché. . . . . 8 fr.

UNE PARTIE DE CAMPAGNE, Impressions de voyage, par M. Stephen de la Madeleine. 1 volume grand in 8°, sur papier vélin glacé, illustré de 12 belles lithographies à deux teintes par Victor Adam. — Broché. . . . . 8 fr.

LA MORALE EN HISTOIRES, par Olivier Le Gall. 1 beau volume in-8°, illustré de 12 lithographies à deux teintes par Derancourt. Broché. 6 fr.

CONTES POUR LES ENFANTS, par Hans Christian Andersen, traduit du danois par V. Caralp. 1 beau volume in-8°, illustré de 12 lithographies à deux teintes. — Broché. . . . . 6 fr.

LA PRISONNIÈRE DE VINGT-QUATRE ANS, par madame Louise Bernier. 1 joli volume in-8°, illustré de 8 lithographies à deux teintes par Jules Noel. — Broché. . . . . 6 fr.

LES HISTOIRES DE LA VIEILLE TANTE CHRISTINE, par madame Louise Bernier. Ouvrage pour le premier âge. 1 joli volume in-8° en gros caractère, illustré de 8 lithographies à deux teintes par Jules Noel. — Broché. . . . . 6 fr.

LES CARACTÈRES DE LA BRUYÈRE, précédés d'une Notice de M. Sainte-Beuve, de l'Académie française, suivis du discours à l'Académie et de la traduction de Théophraste, Édition illustrée d'environ 150 dessins de Penguilly, Grandville, David, etc., 26 grands dessins tirés à part sur papier de Chine. 1 magnifique volume grand in-8°, sur jésus vélin glacé. — Broché. . 16 fr.

LES NAVIGATEURS FRANÇAIS, par M. Léon Guérin. 1 volume très grand in-8°, sur jésus vélin, illustré de 6 magnifiques gravures et de 6 portraits en pied surmontés d'armoiries coloriées. Dessins de Rouargue. — Broché. . . . . 12 fr.

LES MARINS ILLUSTRES DE LA FRANCE, par M. Léon Guérin. 1 volume très grand in-8°, sur jésus vélin, illustré de 18 beaux portraits en pied, lithographiés à deux teintes et surmontés d'armoiries coloriées. Dessins de Maurin et V. Adam. . . 16 fr.

AVENTURES DE TÉLÉMAQUE, par Fénelon, suivies des Aventures d'Aristonoüs, et précédées d'une Notice biographique et littéraire par M. Villemain, de l'Académie française. 1 magnifique volume grand in-8°, sur jésus vélin glacé, orné d'un beau portrait et de 20 belles gravures sur acier, dessinées par Collin.—Broché. 16 fr.

LA MARINE, Arsenaux, Navires, Equipages, Navigation, Atterrages et Combats, par M. E. Pacini, officier de marine; illustrée par Gudin, Isabey, Morel Fatio. 1 volume grand in-8°, avec 33 gravures sur acier en noir, ou gravures sur bois coloriées, représentant l'intérieur des arsenaux, les navires de tous les temps et dans toutes les positions; les costumes et uniformes de la marine; un tableau de tous les pavillons français et étrangers. — Broché. . 15 fr.

LE MAGASIN DES ENFANTS, par madame Leprince de Beaumont, avec une Notice par madame Eugénie Foa. Illustré de 300 vignettes et de 10 lithographies par Gavarni, Guérin, Mouilleron, Wattier. 1 volume grand in-8°. — Broché. . . . . 10 fr.

Paris. — Imp. de Gustave Gratiot, rue de la Monnaie, 11.

Imprimerie de Gustave Gratiot.

www.ingramcontent.com/pod-product-compliance
Ingram Content Group UK Ltd.
Pitfield, Milton Keynes, MK11 3LW, UK
UKHW021850190726
13855UKWH00001B/248

9 782013 371926